사랑으로 장난치기

드라마 PD 이응진의 생각 카메라

사랑으로
장난치기

발행일 2014년 7월 7일
지은이 이응진
발행인 황정필
발행처 실크로드
출판등록 등록번호 제 2012-000216호(등록일자 2010년 7월 9일)
주소 서울시 마포구 염리동 173-3, 3층
전화 (02)701-6470
팩스 (02)929-7337
홈페이지 www.silkroadbook.kr
이메일 adad1515@naver.com

ISBN 978-89-94893-21-1

사랑으로 장난치기

이응진 지음

실크로드
silkroad

나에겐 로비스트가 있었다

나는 초등학교를 졸업하고 집을 떠났습니다. 나 홀로 중학, 고등과 대학, 군대와 직장이 있는 곳으로 늘 떠도는 삶이었습니다. 그렇다고 나를 키운 8할은 떠돌아다님도 아니고 바람도 아닙니다. 지금의 나를 있게 한 건 한 분의 로비스트 덕입니다.

그녀는 대단한 로비스트였습니다. 나는 그분이 날 위해 간절하게 로비하는 모습을 여러 번 목격했습니다. 둥근 달밤 동네 앞 산골짜기 개울물 앞에서, 또 뒷산 큰 바위 앞에서 그녀는 누군가에게 외래어 같은 언어로 주절주절 빌며 절까지 했습니다. 내가 태어난 시골 명소란 명소는 모두 그녀— 내 할머니의 중요한 로비 장소였습니다.

나는 초등학교 졸업 때 큰 상(賞)을 탔고 암탉 한 마리도 받게 되었습니다. 하지만 교장선생님은 상장 하나만 달랑 주시며 암탉은 다음 장날 사 주겠다고 했습니다. 5일 장이 지나도 감감무소식이자 할머니는 손자 손을 잡고 교무실로 쳐들어가서 씨암탉 값 거금 3백 원을 받아냈습니다. 그녀는 선걸음에 장터로 달려가 암탉 한 마리를 샀고, 그날 이후 녀석이 낳은 달걀은 매일 아침상 내 앞에 올려졌습니다.

뒤에야 알았습니다. 그녀는 내 아버지를 여섯 살에 양자로 데려와 키웠고 열아홉에 결혼을 시켜 얻은 내가 할머니의 진정한 첫 작품이었습니다.

동네 사람들은 자기들 텃밭에 호박잎 새싹을 도둑 맞으면 안이댁 손자가 방학이라 집에 돌아왔다는 걸 눈치챘습니다. 호박잎 쌈을 유달리 좋아하는 손자를 위해 남의 밭 호박잎 서리도 서슴지 않았다는 걸 그녀가 저 세상으로 떠난 후에야 알게 되었습니다.

그렇게 지독한 사랑으로 자란 자, 세상 무서운 줄 모르고 살았습니다.

내가 '글'을 쓰게 된 것도 그녀의 광대무변한 사랑 때문입니다.

어느 날 나와 이름이 비슷한 초등학교 친구의 비보를 들었습니다. 군대 가서 공수훈련 중에 낙하산이 펴지지 않아 한강 두꺼운 얼음판에 떨어져 산화했다는 소식을 접했습니다. 그 순간, 내 불쌍한 동무와 내 할머니 얼굴이 동시에 떠올랐습니다. 내가 죽는다면 나의 로비스트는?

나는 그녀에게서 받은 지독한 사랑을 울면서 '글'로 썼습니다. 그렇게 시작된 '글'은 다행히 드라마를 생업으로 만나면서 불이 더 붙었습니다. 나는 드라마란 인간학(人間學)이라 생각합니다. 신(神)만이 인간을 지켜보는 것은 아닐 것입니다. 삶이라는 어항 속에서 요렇게 조렇게 살아가는 인간의 모습을 드라마 작가나 감독도 날카롭게 지켜보아야 좋은 작품을 만들 수 있다고 생각합니다. 그래서 모든 사람들과 모든 삶이 늘 내 관찰의 대상, 내 글의 소재였습니다.

이 글들은 드라마쟁이의 눈에 비친 세상 풍경입니다. 여행 중 혹은 일터에서 마주친 것들을 내 자신의 눈높이로 메모했고, 또 평소 존경하는 소설가 최인훈 선생님의 '구보' 씨 눈을 통해 바라보기도 했습니다. '구보' 씨를 넙죽 차용한 점 이 자리를 빌려 선생님께 넓으신 이해를 구하는 바입니다. "에익, 신가 놈!" 하고 나무라주십시오.

최선생님의 소설가 '구보' 씨 말을 빌리자면 "신(神)이란 자가 이 세상을 만들었다 하니, 이 땅에 원통한 일이 횡행하면 그것은 세상을 만든 그 '신가'(神哥) 책임" 그래서 '에익 신가 놈!' 욕을 한답니다.

여러 해에 걸쳐 이곳저곳에 썼던 칼럼이라 다시 조탁했지만 허술함이 너무 많습니다. 단장취의(斷章取義)도 많을 것입니다. 부디 '오마주'라 여겨주시기 바랍니다.

내게 조언과 지적으로 길라잡이를 해준 드라마 도반(道伴) 김영진 PD와 신문에 칼럼 공간을 5년이나 허락해 주신 '파이낸셜 뉴스' 전재호 회장님께 마음 깊은 곳에서 우러난 감사를 드립니다.

하늘에 계신 나의 영원한 로비스트, 내가 이 세상 사람들에게 작은 사랑이라도 베풀었다면 모두 당신의 사랑 때문입니다. 당신 영전에 이 책을 받칩니다. 할머니, 사랑합니다!

여의도에서 이응진 삼가

차례

1장
길 위의 드라마

2장
지붕 위의 드라마

3장
여의도에서 SOS를 외치다

4장
드라마 PD 구보씨의 하루

1장

길 위의 드라마

에덴동산 출몰기

그는 곰을 잡는 포수라고 자신을 소개했다. 의심을 품자 한 손에 엽총을 들고 포획한 불곰과 함께 찍은 인증샷을 보여주었다. 옆에선 로키산맥의 인디언 사내가 함박웃음을 터뜨리고 있었다. 의심의 뿌리를 뽑아버릴 작정이었는지 집으로 저녁초대를 해 곰고기 샤브샤브를 대접했다. 난생 처음 먹는 곰고기, 내 어찌 알겠는가. 식사가 끝나갈 무렵 그가 뚜껑 덮인 엄청 큰 프라이팬을 안고 나타났다. "한국 유명한 드라마 감독이 밴쿠버까지 오셨으니 특별요리를 했소이다. 자! 감독님 열어보슈!" 뚜껑을 여는 순간 모두들 기겁을 했다.

프라이팬 위에는 아직도 시커먼 털이 달린 큰 짐승의 발이 우뚝 서 있었다. 확실히 곰이 맞다. 그날 내 생애 처음으로 곰 발바닥을 맛본 날이다. 그는 먹기 전에 황홀한 양념을 뿌렸다. "이 감독, 산속에서 곰을 발견하면 곧장 총을 쏘면 안돼요. 곰은 사람과 마주치면 번개처럼 도망칩니다. 하지만 산마루에 오르면 꼭 멈추어 서서 우리를 딱 돌아본다우. 그 순간! 그 순간 탕- 쏘는 거요. 곰을 맞혔지? 그럼 그냥 36계 줄행랑을 쳐야 됩니다." "왜죠?" "잡으려고 달려가면 당신은 그놈 앞발에 산산조각이 납니다. 죽기 살기로 도망을 쳤다가 다음날 가보면 그 근처 1㎞ 안 어디엔가 그놈이 푹 쓰러져 있어요." "당신, 포수 맞습니다. 인증!"

너무 가난해 어린 시절 캐나다로 이민을 갔고 로키산맥으로 들어가 인디언과 친해져 곰 잡는 포수가 됐다고 했다. 어릴 적 꿈이 배우라서 드라마 감독을 만났으니 잘해주고 싶었던 모양이다. 정말 그는 배우가 되어도 좋을 정도로 인물도 말재주도 뛰어났다.

다음해 또 그를 만났다. "이 감독, 내가 에덴동산을 발견했는데 모시고 가리다." 또 무슨 쇼일까 궁금해 따라나섰는데 산이 아니라 이번엔 바다 쪽이다. "나 포수 접고 어부 되려고 배를 두척 샀소." 반신반의, 일행 4명은 만경창파 밴쿠버 앞바다로 나아갔다. '에덴동산 — 온갖 과일과 곡식이 풍성하고 평화로움이 가득찬 낙원의 땅'으로 가는 중에 그는 저녁 요리에 쓸 킹크랩을 잡으려고 바다 가운데 통발 몇 개를 놓았다. "자, 두시간만 에덴동산 구경하고 옵시다."

배가 닿은 곳은 밴쿠버 앞의 큰 빅토리아에서 조금 떨어진 인적 없는 무인도였다. 그는 배를 내릴 때 우리에게 작은 호미 하나씩을 나눠주며 말했다. "달려가서 저기 보이는 모래사장을 파 보셔." 선장의 명령을 받은 우리는 아담처럼 웃통을 벗어던지며 달려가 백사장을 헤집기 시작했다. 놀라웠다. 울룩불룩한 모래사장 밑은 온통 큰 조개와 소라 마을이었다. 조개는 암소 귀만큼 컸고 소라는 큰 나팔이었다. 어부는 조개잡이에 넋이 나간 우리를 불러 모아 언덕 너머 갯바위로 몰아갔다. 그곳은 더 놀라웠다. 가까이 가보니 바위는 바위가 아니라 온통 생굴 덩어리였다.

정말 에덴동산이 존재한다면 이런 풍경일 것이다. "이 감독, 한국 관광객들을 이 에덴으로 모셔오면 드라마틱한 관광 상품이 되지 않겠소?" "대박! 어부님, 당장에 재벌 됩니다." 진심이었다. 포수에서 전직하기 잘했다고 했다. 그날은 행운이 줄을 이었다. 오는 길에 바다 속에 놓았던 통발을 올리니 대게가 열댓 마리나 들어있었다. "법으로 1인당 딱 두 마리만 허용됨" 그는 여덟 마리 외에 남은 게를 모두 바다로 돌려보냈다. "먹을 만큼만 잡아라. 로키의 인디언들이 말했소." 그날 밤 우리는 에덴동산에서 온 해물 때문에 이브 없이도 너무 너무 행복했다.

1년 후, 나는 한국에 온 그를 만났다. "어부님, 사업 잘 되시지요. 에덴동산도 잘 있죠?" 그는 재빨리 손가락을 입에 대며 쉿, 소리를 내며 주위를 둘러봤다. "?" 무슨 일이 있었던 걸까. 사연을 들어보니 충격적이었다. 그는 우리가 떠난 후 한국 아줌마, 아저씨 관광객 몇 팀을 에덴동산으로 안내했다고 한다. 그들은 지천으로 깔린 조개, 굴, 소라에 완전히 혼비백산되었다. 몇 시간 후 모래

받은 짐승 떼들이 헤집어놓은 듯 엉망진창이 되었고 돌아오는 배는 소라와 굴 보따리로 밴쿠버 앞바다에 가라앉을 지경이었다. 그런 광경은 그 후에도 계속 되풀이되었고 어느 날 어부는 배를 팔았다. “이 감독, 난 에덴동산이 어디 붙었는지 몰라!”.

멜버른에서 만난 드라마 1
주근깨와 주말 엄마

나는 드라마를 찾아 세상을 떠도는 사람이다. 아름다운 경치보다는 사람 사이에 있는 드라마를 주우려 기웃거린다. 한 달 동안 멜버른에서 홈스테이를 했다. 첫 경험인지라 함께 살 식구들의 면면이 궁금하던 차에 내 신상정보를 묻는 질문지와 함께 그곳 식구들의 자료가 왔다. 담배는 피우는지, 개는 좋아하는지 어떤지. 자신들은 '존 홀'이라는 50대 초반의 부부이고 여섯살짜리 '휴비'와 세 식구가 산다고 했다. 근데 '휴비'는 내가 싫어하는 동물, 개의 이름이었다. 신경이 쓰였지만 이미 정해진 일이니 어쩌랴. 일주일 후 홍콩을 경유해 멜버른 하숙집 동네에 도착했고 개조심을 하며 초인종을 눌렀다. 반응이 없다. 대문 틈으로 인기척을 보내도 개소리조차 나지 않았다. 다시 주소를 확인한 후 초인종을 좀 길게 꾹 눌렀다.

순간 우당탕탕 소리가 나더니 얼굴에 주근 깨를 둘러쓴 열 두셋쯤 됨직한 사내녀석이 불쑥 나타났다. 어, 잘못 찾았군! 싶은데 녀석의 재미있는 생김새에 나도 모르게 대사가 쏟아져 나왔다.

"익스 큐스 미. 이즈 잇 미스터 존 홀스 하우스?" "예스!" "햐! 탱큐 탱큐!"

웬 탱큐? 나는 멋쩍게 손을 내밀며 한국에서 온 '리'라고 했다.

" 아임 스티븐!" 마치 그 집주인장이나 되는 듯 녀석은 손을 내밀었고 나는 일부러 힘껏 악수를 하며 대디와 맘은 어디 계시냐고 물었다. "개 산책 시키러 나갔어요!" 아, 식구 중에 개가 있긴 있군. 근데 이 말괄량이 삐삐 오래비같이 생긴 녀석은 누구지?

하지만 그때 마침 존 홀 부부가 휴비를 데리고 산책에서 돌아와 시 의문은 풀렸다. 나는 처음 만난 어색함을 풀려고 '스티븐' 때문에 집을 잘못 찾은 줄 알고 한국으로 돌아가려 했다며 슬쩍 주근깨를 쳐다봤다. 그들은 웃으면서 'weekend son'이라고 했다. 주말 아들이라니?

"스티븐은 내 친한 친구의 아들이에요. 근데 4년 전 교통사고로 엄마가 저 세상으로 갔어요. 저 나이에 엄마가 없어진다는 것을 상상해 봤소. 저 또래한테 가장 필요한 건 단연코 '엄마'라는 존재입니다. 엄마의 손길! 엄마의 눈길! 그리고 엄마의 향긋한 분 냄새. 어린 시절 학교에서 돌아와 '엄마–' 하고 불렀을 때 아무 응답이 없었던 적 있지요. 그때 기분이 어땠든가요? 어느 날 우리 부부가 스티븐을 놓고 그런 얘기를 나누다 아내가 주말 엄마라는 말을 꺼냈습니다. 스티븐은 매주 금요일 저녁때 우리 집으로 옵니다. 그때부터는 우리 아들이지요. 우리랑 시장도 가고 집안 청소도 함께 하고, 그러다가 일요일엔 자기 아빠에게로 돌아갑니다.

나는 한 달 간 홈스테이를 하면서 유심히 지켜보았다. 스티븐은 금요일 저녁이 되면 나타났다. 그리고는 존 홀씨 부부와 시장을 가기도 하고 빨래를 함께 하거나 힘든 집안청소를 하기도 했다. 어떤 때는 휴비와 심한 장난을 치다가 된통 혼이 나기도 했다. 그때 표정은 다음 주에는 절대 나타나지 않을 것 같았다. 그러나 금요일이 되면 깨투성이 왕자는 씩씩하게 대문을 열고 들어섰다. 내가 떠나던 날도 녀석은 숙제 대신 컴퓨터 게임만 하다가 주말엄마에게 혼이 나고 있었다.

그 여행 이후, 갑작스런 사고로 부모를 잃는 아이들이 생길 때 주위사람들의 혀 차는 소리가 더 크게 들리기 시작했다.

"쯧 쯧! 저 어린 것들 불쌍해서 어떡해! 어미 애비 없이 어떡해!" 입으로 쯧 쯧 동정하기보다는 주말엄마가 되는 것. 그런 생각, 좋은 생각, 좋은 드라마 아닐까? 지금쯤 녀석의 얼굴엔 주근깨 대신 여드름이 많이 돋아 있을 것이다. 이것이 내가 멜버른에서 만난 드라마다.

멜버른에서 만난 드라마 2
더치페이의 추억

내가 홈스테이를 한 곳은 멜버른 시내 투락이라는 주택가였다. 하숙집 아저씨 존 홀은 거실에 조촐한 사무실을 차려놓고 재택근무를 하는 농업 관련 박사였고, 부인은 송아지만한 개 '휴비'를 자식처럼 떠받들며 살아가는 평범한 주부였다. 어느 날 아저씨가 멋진 집을 지은 부자 친구가 집 구경을 오라 했다며 함께 놀러 가자고 했다. 마침 주말아들 주근깨 스티븐도 와 있어서 나는 그들을 따라 나들이를 나섰다. 친구의 새로 지은 집은 정말 자랑하지 않고는 못 배길 정도로 정원도 넓고 웅장한 저택이었다. 하숙집 아줌마는 주방을 둘러보다가 처음 접하는 최첨단 주방시스템에 침을 삼켰고, 나는 안방보다 더 화려한 화장실, 안방보다 더 넓은 의상실을 보고 침을 삼켰다. 그날 주근깨와 내가 함께 내린 결론. 아저씨 친구는 very rich man. 강부자(强富者)였다!

침을 튀기며 집 자랑을 끝낸 Mr '강부자'는 의기양양하게 근처에 멋진 중국식당이 있으니 저녁을 먹는 게 어떠냐고 제안했다. 멋진 집 구경에 갑부와의 저녁식사, 즐겁고 행복하지 아니한가! 레스토랑은 정말 정통 중국집 분위기가 물씬 풍겼다. 자리에 앉은 우리 네 사람–하숙집 주인부부, 스티븐과 나는 두꺼운 메뉴판을 들고 한참이나 연구를 했다. 영어와 한문으로 수십 가지 요리 이름이 씌어 있는데 뭐가 뭔지 알 길이 없고, 영어를 잘 아는 아저씨 부부도 마찬가지인 모양이었다. 이때 Mr 강부자가 나섰다. "여러분들은 이곳이 처음이니 내가 메뉴를 정하면 어떻겠소."

"오케이." 신이 난 스티븐이 용감하게 나섰다. 웨이터를 부른 Mr 강부자, 메뉴를 보면서 내게 농담 투로 말한다. "미스터 리, 여행할 때 카드는 가지고 다니시나?"

"그럼요. 당근이죠."

"오케이."

신이 난 듯, 아저씨가 이것저것 오더를 한다. 나는 속으로 '얼쑤, 타국에 와서 오늘 호강 한번 해보자.' 하며 슬쩍 허리띠를 풀었다.

얼마 후 요리가 나온다. 우리네 중국집에서 만났던 요리와는 모양도 맛도 전혀 달랐다.

주근깨도 신이 났고 나도 신이 났다. 마침 루이 암스트롱의 〈what a wonderful day〉가 흘러나오니 이게 무슨 기막힌 앙상블이며 안성마춤인가 싶었다.

근데 달달한 디저트까지 끝내고 행복에 겨워있던 순간 계산서를 훑어보던 강부자씨가 외쳤다. "스플릿!"

소리는 옆 좌석까지 들릴 정도로 컸다. 스플릿? 무슨 뜻이지, 얼핏 아줌마부부를 보니 아무 일도 없는 듯 무표정했다. 쪼개자! 쪼개자? 그 순간 옆 자리 주근깨 녀석이 벌떡 일어났다. 녀석은 청바지 주머니들을 뒤지기 시작했다. 황당했다. 뒷주머니에서 비자금인 듯 꼬깃꼬깃 접힌 10달러 짜리를 꺼내더니 부자씨에게 건넸다. 강부자씨는 그 돈을 덜컥 받았다. 그러나 잠시 망설이는 듯하더니 "그래, 넌 아직 학생이니 내가 대신 내줄게!" 드라마 같았다.

나는 옆에 놓인 중국차를 얼른 마시기 시작했다. 그 짧은 시간이 너무 길게 느껴졌고 나는 아줌마 아저씨의 얼굴을 슬쩍 훔쳐봤다. 돈을 내야 하나 말아야 하나, 머리속이 너무너무 복잡했다. 집 자랑으로 그렇게 침을 튀기던 갑부가 음식값을 'N분의 1' 하자고 덤비다니. 나는 계속 차(茶)만 들이켰다. 잠시 후 하숙집 아줌마가 신용카드를 꺼내 웨이터에게 건넸다. 어랍쇼, 내 몫도 계산을 하는 모양이었다. 그 이후엔 강부자씨의 얼굴을 한 번도 보지 않았던 것 같다. 세상에서 제일 꼴 보기 싫은 자를 왜 쳐다보겠는가.

하숙집에 돌아와 홀로 방에 앉으니 이 생각 저 생각이 물밀듯 밀려왔다. 친구를 초대해 실컷 집 자랑 끝에 파티는커녕 더치페이를 하자는 인간과 그런 사람을 친구라 생각하는 하숙집 아저씨, 모두에게 화가 났다. 충격이 얼마나 컸던지 그날 밤 침대에 누워

별별 생각을 다 했다. 이런 인정머리 없는 인간들의 세계에도 미래가 있을까. 친구가 있고 선후배가 있을까. 강부자는 혹시 베니스의 상인 '샤일록'의 직계 후손이 아닐까. 강부자는 친구인 하숙집 아저씨에게 평생 어떤 부탁도 하지 않고 살았을까 궁금했다. 앞으론 설사 부탁을 하더라도 우리 아저씨가 절대 받아주지 않을 것이다. 식사 한 끼 신세 진 적도 없는데 무엇을 거절 못하겠는가. 생각할수록 부아가 치밀어 나는 지갑에서 50달러를 꺼내 아래층 아줌마에게로 달려갔다.

한국으로 돌아와서도 이날의 문화충격은 오래 계속되었다. 나는 종종 '스플릿!' 사건을 꺼내놓고 생각해 본다. 그들의 더치페이 문화와 우리의 모두 내거나 구두끈을 묶는 체하는 문화는 각각의 사회에 틀림없이 어떤 영향을 미치고 있을 것이다. 신세를 지면 갚아야 한다. 되로 지면 말로 갚아야 하는 게 신세다. 누군가에게 식사대접을 받으면 식사 대접은 술대접을 낳고 술대접은 부탁을 낳고 부탁은 청탁을 낳아 결국은 부정과 부패로 이어지는 건 아닐까.

청탁과 향응, 뇌물과 특혜 같은 단어들과 함께 터지는 큰 부정부패 사건을 접할 때마다 멜버른 강부자(强富者)가 외치던 소리가 들린다. "스플릿!" 생각해 보니 더치페이가 있는 곳, 그곳이 오히려 살기 좋은 곳 아닐까 싶다.

레지스탕스와 술자리

5년 전 나는 파리 에펠탑 근처 허름한 호텔에서 지배인에게 수작을 벌이고 있었다. "내 죽기 전 소원이 세계 모든 나라에서 골프를 한 번 치는 겁니다."

"파리에서 골프를 치게 도와주시면 백골난망에 당신 그린피도 내주겠소."

나는 기껏 하룻밤을 투숙한 손님이었고 3일 후엔 떠날 사람이다. 어이없는 수작에 사내는 어수룩하게 걸려들었다. 다음날 자기 자동차로 한 시간 반이나 걸리는 골프장까지 날 태우고 갔고 사내도 나처럼 골프장 주인에게 수작을 걸었다. "서울에서 온 '아주' 유명한 드라마 감독입니다. 이곳을 좋아하니 골프장의 영광이죠." 뻥에 놀란 주인은 내게 공짜 골프를 치라는 횡재까지 안겨주었다. 알고 보니 지배인의 아버지가 옛날회원으로 있던 골프장이라고 했다. 사내는 시내에 가서 일을 보고 돌아온다며 잘 치라는 격려까지 해주고 차를 몰고 떠났다. 더 황당했던 건 네 시간쯤 후다. 나 홀로 라운딩을 하며 마지막 18홀 티그라운드에 올라서니, 멀리 그린 옆 언덕 위에서 사내가 힘차게 손을 흔들고 있었다. 그 순간 내 자신이 참 약아빠진 인간이란 생각이 들었고, 양심이 찔려 돌아오는 차 속에서 "메르시! 메르시!"만 되풀이했다. 그의 응답은 간단했다. "It is French hospitality" 프랑스인의 친절! 알고 보니 그의 아버지는 무시무시한 레지스탕스였고 그는 레지스탕스의 후예였다.

이런 저런 대화로 좀 친근감이 생긴 후 나는 민감한 질문 하나를 했다. "프랑스 민족과 독일 민족은 누가 더 강한가요?" "두 민족은 오랜 역사를 통해 경쟁한 라이벌이며 숙적이었소. 지금까지의 역사를 보면 똑같이 이기고 진 무승부의 역사요." "하지만 가장 최근엔 히틀러에게 점령당하지 않았나요.

까칠한 질문이었는지 사내는 별 느낌 없이 두 민족의 특징을 얘기해 주었다. "방송인인 당신에겐 좀 미안하지만 프랑스사람들은 TV를 잘 보지 않소. 일을 끝내면 집으로 가지 않고 동네사람들과 모여 늦게까지 저녁을 먹지요. 그러니 TV 시청률이 대단히 낮아요. 독일인들은 그와 반대지요. 대부분의 독일 남편은 퇴근하면 칼같이 집으로 돌아가 가족과 함께 시간을 보냅니다."

프랑스인의 이런 생활 습속이 만들어 낸 것 중 하나가 '레지스탕스'라고 했다. 프랑스사람들은 나치 치하에서도 퇴근하면 집으로 가지 않고 끼리끼리 동네 레스토랑에 모여 와인을 마시며 분을 삭였고 결국은 항거를 음모했다고 한다. 적에게 장악은 당했지만 흩어지지 않고 모였기에 레지스탕스 정신을 키웠고 민족의 자존심을 지킬 수 있었다고 자랑스럽게 말했다.

퇴근길에 집으로 직행하지 않고 술을 마시는 문화는 한국인과 비슷하다. 우리야말로 직장동료나 친구와 뭉쳐 1차, 2차, 3차를 즐기는 민족 아닌가. 그러고 보니 우리 민족도 프랑스처럼 일제강점기에 끊임없는 레지스탕스를 일으켰다. 이 땅 안에서뿐만 아니라 만주 벌판과 하얼빈에서 독립군들은 온갖 저항의 몸부림을 멈추지 않았다. 역사책에서 만났던 조선시대 수많은 의병장과 의병도 레지스탕스들이다. 임진왜란 때 조선에 쳐들어온 왜장들은 의아해 했다고 한다. 관군이 패하고 임금이 피란을 가 모든 게 끝난 줄 알았지만 민초들의 저항은 끊임없이 계속되었다. 우두머리가 패하면 모두가 즉시 굴복하는 사무라이들에겐 이해할 수 없는 광경이었을 것이다. 6·25 전쟁에 참여했던 한 미군사령관도 말한다. "서구 군대는 패하면 뿔뿔이 흩어져 버리는데 한국군은 패잔병들이 다시 모여 군대를 만들고 져도 또 모여 싸운다." 오합지졸이던 한국군이 국공내전을 이겨낸 중공군과 맞겨룰 수 있었던 것도 따지고 보니 레지스탕스 기질 덕분이다.

비난해마지 않던 1차, 2차, 3차까지 가는 술버릇. 한국의 음주 문화가 그런 특질을 키우는 배경이 될 수도 있음을 프랑스 사내가 아니었더라면 모를 뻔했다. 나는 인천공항에 내리자마자 사내에게 또 수작을 벌였다. 선물로 고려인삼차 한 박스를 사서 다음과 같은 편지글을 동봉해 그 친구에게 보냈다. “당신 어머니에게 이 인삼차(茶)를 끓여 당신 아버지께 꾸준히 드리라 하세요. 어느 날부터 엄마가 더 좋아하실 거유.” –東方禮儀之國 Lee.

길-골목-거리-도로

'길'의 의미를 생각하게 된 건 경남 창원으로 이사를 온 후다. 창원은 1970년대 초반 호주의 캔버라를 본떠 만든 한국 최초의 계획도시다. 파리의 '샹젤리제' 거리보다 열배쯤 긴 16㎞가 넘는 동양 최장의 '창원대로'가 도시를 등뼈처럼 관통하고 그 직선대로(大路) 좌우로 4차선, 6차선 도로들이 마치 12쌍 갈비뼈처럼 쭉 나열해있다. 가히 창원은 사통팔달, 길의 도시다.

아이러니컬하게도 이 '길의 도시' 창원에 와서 나 자신은 길을 잃었다는 것을 알았다. 나만이 아닐 것이다. 사람들은 자동차와 친해지면서 거리와 골목과 길을 잃고 도로의 포로가 되어가고 있다. 길은 도로와 거리와 골목으로 나뉜다. 산과 강을 가로지르고 도시의 구역과 구역을 연결하는 길은 도로다. 이들의 주인공은 사람이 아닌 자동차들이다. 그곳에선 자동차의 삶이 인간의 삶에 앞선다. 외제와 국산, 신형과 구형, 대형과 소형 같은 무쇠들의 삶이 쏜

살같이 질주할 뿐이다. 인간이 주인공이 되는 곳은 거리다. 그곳엔 생명체의 삶이 모이고 이야기가 쌓인다. 인생과 인생이 만나서 낭만과 추억을 키운다. 골목도 마찬가지다. 골목은 어린 시절 우리의 안방이며 교실이었다. 친구들과 싸움질하던 곳도 골목이고, 형들의 구슬치기 기술을 배우던 곳도 골목이다. 아버지에게 혼나고 쫓겨나 뉘우치던 곳도 골목모퉁이였고, 읍네 장에 간 엄마를 기다리던 곳도 골목어귀였다. 생각해 보면 그곳 골목길에 우리의 삶이 있었고 우리의 몸도 생각도 그곳에서 자랐다

길과 거리와 골목의 의미를 깨우친 것도 이 도시 창원에 와서다. 벌써 이사 온 지 5개월이 되었지만 생활은 뿌리를 내리지 못하고 있다. 생각해보니 도시 속에 존재했을 뿐 생활하지 않았기 때문이다. 생활이란 무엇인가? 일 하고 밥 먹고 술 마시는 것을 넘어서 도시의 핏줄인 거리와 골목에 내 자신이 녹아 흐르는 것 아닐까. 이 도시의 핏줄과 내 핏줄이 연결되어 소통하는 것 아닐까. 그동안 나는 도시 창원을 시계추처럼 바삐 왔다 갔다 했지만 자동차 속에 박제되어 달렸던 것이다. 길은 자동차가 아닌 자신의 발로 걸어갈 때 거리와 골목으로 존재한다. 덕수궁 돌담길조차도 자동차를 타고 지나가버리면 삶이 쌓이지 않는 도로가 되고 만다.

최근 내가 만났던 인상적인 길은 토함산 중허리에 있는 석굴암 들어가는 산길이다. 길이는 한 마장쯤이나 될까 말까 폭은 우마차 한 대가 지나갈까 말까 맑은 날엔 소나무 사이로 동해가 보일까

말까 불국사 앞마당 범종치는 소리가 들려올까 말까 한 오동통한 오솔길, 이 길을 가족과 연인과 친구와 함께 걸어본 사람은 느꼈을 것이다. 길은 우리의 사랑을 키워주고 우리의 추억을 풍요롭게 하고 우정과 더 힘차게 악수하도록 해준다. 좋은 길은 여행이 그러하듯 자신을 마주보게 한다. 좋은 길은 깊은 생각을 불러낸다. 혼자 길을 걸어본 사람은 안다. 길은 우리를 산책으로 이끈다. 산책(散策)이란 무엇인가. 산(散)은 흩뜨리고 내치고 풀어놓는 일이며, 책(策)은 헤아리고 꾀하고 채찍질하는 일이다. 자신의 생각을 흩뜨리고 풀어놓고 헤아리고 꾀하고 채찍질하는 일이 곧 산책이다. 독일에 위대한 철학자가 많이 나온 이유가 산책로가 많아서라는 말이 있다. 생각과 길이 붙어있어 산책길이라 하는 모양이다.

우리에게 길을 빼앗아간 건 자동차만이 아니다. 휴대폰과 인터넷도 길을 해킹하는 자들이다. 길을 가다보면 휴대폰과 인터넷의 노예들을 무수히 만나지 않는가. 길은 도처에 있고 좋은 길도 도처에 있다. 어디 석굴암 가는 길 뿐이랴. 어느 도시, 어느 동네에도 거리와 골목과 길은 있다. 정작 길을 외면하는 자도 사람이고 좋은 길을 만드는 자도 사람이다. 길의 도시, 창원에서 잃어버린 My Way를 다시 찾아야 한다.

도리구찌와 일본 형사

한국 TV드라마에는 '일본 형사' 를 만드는 전형적 '레시피'가 있다.

요리법은 의외로 간단하다. 재료로 소위 '도리구찌'라 불리는 모자 하나만 있으면 된다.

만약 당신 옆에 지금 '도리구찌'가 있다면 당장 그걸 쓰고 거울 앞으로 달려가 약간 인상을 써 보시라, 그럴듯한 일본 형사 한 사람을 만날 것이다. 좀 성에 덜 차면 모자를 쬐끔 삐딱하게 쓰고 사인펜으로 코 밑에 수염을 슬쩍 그려 보시라, '악랄한 왜놈 형사' 한 놈이 죄 없는 당신을 심문하듯 노려볼 것이다.

'도리구찌' 레시피는 '백 바지+백 구두'로 한량을 만들어내는 레시피와 더불어 역사와 전통을 자랑하는 드라마 캐릭터 빌딩법이다. 그러나 이 둘 모두 우리 민족의 아픈 현대사 속에서 파생된 한 많은 실루엣이다.

재작년 '도리구찌'를 하나 샀다. 왜 하필 못된 왜놈 형사를 연상시키는 모자를 샀을까? 돌이켜보니 49세 노처녀로 요절한 친구 때문이었다. 유명 드라마 작가였던 그녀는 그 무렵 간암으로 3개월밖에 못 산다는 사형선고를 받았다. 친구의 황당한 운명을 접하곤 돈키호테처럼 한번 대들어보지도 못하고 자괴감에 일본으로 날아갔다. 일종의 도피였다.

오사카 거리를 헤매던 중 눈에 들어온 '도리구찌' 모자를 발견한 순간 나는 불현듯 못된 인간이 되고 싶었다. 악랄한 왜놈 형사가 되어 인간의 생명을 제멋대로 좌지우지하는 그 악랄한 누군가를 체포해 고문하고 싶었던 것이다. 내 코 밑엔 항상 수염이 무성하므로 모자를 쓰는 순간 변신은 완성되었다. 나는 왜놈 형사가 되었건만 운명은 어쩌지 못하고 오사카 거리를 헤매기만 하다가 서울로 돌아왔다.

친구는 간암 판명 30일 만에 불귀의 객이 되어 내 곁을 떠나버렸다. 그가 저 세상으로 가버린 후에도 나는 그 모자를 쓰고 촬영도 하고, 여행도 하고, 골프도 쳤다. 늘 야구모자 차림이었지만 친구가 떠난 후론 도리구찌를 더 애용했고 집착까지 생겼다. 그러다 보니 검정색이던 모자는 햇볕에 그슬리고 그슬려 누렇게 탈색되어 갔다.

문득 모자 하나를 더 구해야겠다는 생각이 들었다. 마침 일본 지인에게 돈을 보낼 테니 사서 부치라며 모자 사진을 찍어 보냈다.

열흘 뒤 보내온 소포엔 '선물이니 돈은 받을 수 없다'는 편지와 함께 똑같은 스타일의 도리구찌가 두 개나 들어있었다.

우정과 새 모자에 두 배로 흥분한 나는 즉시 도리구찌를 쓰고 거울 앞에 섰다. 왠지 어색했다. 알고 보니 내가 가진 여름용 디자인이 아니라 겨울용이기 때문이었다.

나는 직접 구해 보기로 맘을 먹고 용감하게 일본 본사로 국제전화를 했다.

전화를 받은 직원은 여름 디자인은 절판되었다며 혹시 남은 게 있는지 전국의 매장을 모두 점검해 보겠다며 주말이라 월요일 결과를 알려주겠다고 했다. 엉터리 일본어에도 끝까지 '친절'했던 그녀의 이름은 '금자 씨'가 아니라 '이세끼 상'이었다.

맘이 급해진 나는 또 다른 수단도 동원하기로 했다. 한류 때문에 알게 된 일본후배에게 전화를 걸어 '이세끼 상'의 전화번호를 알려주며 도움을 청했다. 상황을 알아 본 후배한테서 전화가 왔다. 여름용 디자인은 전국 어디에도 없고 새 출시 계획도 안 잡혀 있다며 본인이 더 안타까워했다.

그때 왜 바보같이 2개를 안 샀을까. 그렇게 애착과 후회가 교차하던 며칠 후, 일본 모자 회사에서 전화가 걸려왔다. '이세끼'상이 아니라 어떤 남자였다. 아! 이제야 모자 하나를 발견했구나 싶은데 남자의 말은 저번 '이세끼 상'과 똑같았다.

"여름용 디자인은 품절이며, 대단히 미안하게도 다음 출시 계획은 아직 안 잡혔지만, 잡히면 그 제품을 살 수 있는 매장 위치를 정확하게 알려 드리겠다"는 것이었다.

사내는 모자를 애용해주셔서 대단히 감사드린다며 자신은 그 제품의 디자이너라고 했다.

"디자이너?"

"네. 죄송합니다. 저는 그 모자를 디자인한 타마리(TAMARI)입니다."

"?"

세상에 이런 일이, 디자이너 선생께서 고객에게 직접 전화를 다 하다니. 순간 날카롭게 생각 하나가 머리를 스쳤지만 붙잡을 수가 없었다. 전화를 끊고 '도리구찌'를 꺼내 꾹 눌러쓰고 거울 앞에 섰다. 거울 속엔 더 이상 악랄한 '왜놈 형사'는 없었다. 환하게 미소를 띤 이세키 상과 타마리 상, 친절한 두 일본 인의 얼굴이 나타났다.

그 순간 조금 전 놓쳤던 생각이 부메랑처럼 나를 향해 날카롭게 날아왔다.

"도리구찌 쓰고 무력으로 아세아를 정복하려던 자들, 친절로 세계를 정복하려는구나!"

벼룩시장에서 만난 내 낯짝

화장실 변기가 고장 났다. 변기통이 아니라 받침대에 문제가 생겼다. 소변을 보려고 세워 놓으면 용무 중에 슬쩍 내려앉아 소변이 딴 곳으로 튀어버린다. 바닥 주변에 물 한 바가지만 뿌려주면 되지만 화장실 들어갈 때와 나올 때 마음이 달라 그냥 돌아서버리곤 했다. 그런데 어느 날 아내가 벼락 치는 소리를 냈다. '소변도 못 가리냐!' 여자란 서서 소변 볼 일이 없으니 본인 입장에서만 생각해 '겨냥 잘못'으로 단정해 버리는 것이었다. 이 얼마나 자기중심적인 사고방식인가? 사실 아내의 그런 태도는 너무 많아서 다 열거하고 싶지도 않다. 아들놈도 마찬가지다. 녀석은 자기중심에 한 술 더 떠서 이기적이기까지 하다. 2mm 크기의 벼룩도 낯짝이 있다는데 키 188㎝에 큰 바위 얼굴을 가졌는데도 하는 짓은 전혀 낯짝이 없는 인간 같다. 자기는 내 비싼 옷을 허락도 없이 불쑥 입고 나가면서 어쩌다가 내가 자기 옷을 한 번쯤 빌리려면 난리가 난다. 얼마 전에도 그런 일이 벌어졌다. 가벼운 외국 출장길에 편리한 옷 하나를 빌려 달라 했더니 일언지하에 거절하며 출장지에서 사라고 했다. 이건 자기중심적이 아니라 이기적이라는 생각이 들어, 그 옷을 산 돈이 어디서 났냐고 소리치고 싶었지만 참았다.

파리 출장을 끝낸 후 시내 구경을 나갔다가 마침 벼룩시장과 마주쳤다. 여행지 중에 꿩 먹고 알 먹는 곳 하나가 그런 전통시장이라는 생각이 든다. 다른 문화와 다른 풍속을 가진 사람들의 삶의 속살을 만나는 거야말로 여행의 참맛이 아닌가. 마침 잘 되었다 싶었다. 값싸고 추억에 남을 물건 하나를 구해서 미운 아들에게 자랑도 할 겸 시장 구석구석을 누볐다. 별별 물건이 다 나왔고 어떤 것들은 쓰레기 수준인데도 버젓이 진열돼 있다. 묘하디 묘한 물건들을 구경하며 걷다 보니 저쪽에 구두 한 짝이 눈에 들어왔다. 어! 그 유명한 '루이비통' 한 켤레가 놓여 있는데 이 브랜드는 동양 여성들이 흠모해 마지않는 명품 중 명품 아닌가. 이젠 짝퉁이 원산지에도 난무하구나 쓴웃음을 지으며 물건을 들고 살펴보니 야, 이건 짝퉁 아닌 진품이 틀림없었다. 땡잡았다. 가격을 물어보니 '100달러'라고 외쳤다. 벼룩시장 물건이 웬 100달러, 진짜라도 너무 비싸 고개를 저으며 자리를 뜨려다가 문득 생각하니 이놈 진품은 한국 백화점에선 100만원인데 싶어 얼른 신어봤다. 근데 너무 컸다. 커도 턱없이 커서 보트 탄 듯 헐렁헐렁 290㎜쯤 될 듯했고 거인에게나 맞을 듯했다. 그래, 그러니 벼룩시장에나 덜렁 나와 앉아 있지.

휙 던져놓고 다른 명품을 찾으려 이쪽저쪽을 살피는데 정말 벼룩이 튀어나올 지경으로 켜켜이 손때 묻은 것들이 많기도 하고, 또 그런 걸 버리지 않고 간직해온 사람들이 신기하기도 하다. 긴 골목길을 끝까지 돌았는데도 맘에 들어오는 게 없다. 이국적 풍경을 아이쇼핑만 잘하고 돌아서는데 뭔가 번쩍 생각나는 게 있었다. 그래, 맞다. 나는 뛰면서 주머니에 손을 넣고 지갑을 찾았다. 달음박질하면서도 지갑에서 100달러를 꺼냈다. 그래, 낯짝 없는 내 아들놈은 키 188㎝에 290㎜ 구두를 신는다. 자기중심적인 그 꺽다리 놈에겐 그 구두가 딱 안성맞춤이다. 세계적 명품이 있던 곳에 도착해서 돈을 내밀려는 순간 그곳엔 아무것도 안 보였다. 구두가 놓였던 바닥에선 벼룩처럼 내 자기중심적 낯짝이 튀어 오르고 있었다.

샤갈과 생폴의 처녀들

샤갈 '도시위에서'

모나코는 지중해 연안에 있는 인구 3만의 미니왕국이다. 전설적인 '60년대의 영화배우 그레이스 켈리가 시집간 나라이기도 하다. 유명한 스타를 왕비로 맞은 모나코 왕 레니에 3세는 그에 걸맞게 1961년 멋진 TV페스티벌을 만들었다. 바로 '몬테카를로 TV페스티벌.' 나는 국제적으로 유명해진 한국드라마 덕분에 운좋게 심사위원으로 초대를 받았다. 모나코가 위치한 코트다쥐르라 불리는 남프랑스 지역엔 망통, 에즈, 앙티브 같은 해변마을이 있고 누드 비치로 유명한 니스와 영화제로 소문난 칸이 그 근처에 위치해 있다. 이곳에 간다니 사람들은 니스에 있는 샤갈과 미로의 미술관을 '강추'했다. 역시 명불허전, 그곳에서 만난 세계 미술사의 대가들이 이루어낸 역작들은 황홀했다.

그 지역의 가장 유명 관광지로는 니스와 칸 사이 알프스 산맥 끝자락과 이어진 산중턱에 있는 성(城)마을 '생폴드방스'. 소나무, 삼나무, 올리브나무가 무성하고 지중해가 내려다보이는 명당이라 많은 예술가가 만년을 보냈고 샤갈도 이곳에 와서 작품 활동을 하다 생을 마감했다고 한다. 생폴은 산꼭대기에 만든 성(城) 안에 독수리 둥지 모양을 하고 있다. 16세기에 생긴 이 마을에 들어서면 마치 중세에 온 느낌을 준다. 하지만 이미 시간은 수백 년을 훌쩍 건너뛰었고 갤러리와 아틀리에가 빽빽이 늘어선 골목골목엔 세계 각국에서 찾아온 관광객들로 붐빈다. 니스의 누드 비치에 섹시하게 누운 여인들의 선도 아름답고, 칸의 해변 따라 늘어선 건축도 아름답지만 이곳이야말로 세상 다른 곳에선 만나기 어려운 개성이 골목마다 보석처럼 박혀 있다.

샤갈이나 된 듯 골목골목을 누비며 둘러 본다. 옛날 화가들이 걸었던 길을 어슬렁거리며 걷기도 하고 길가에 서서 둘러싼 채 나를 보고 있는 산들을 내 자신이 둘러 보기도 한다. 관광 온 사람들의 일거수일투족을 유심으로 따라가기도 하다가, 멍하니 중세 속에 혼을 빼놓고 앉아있기도 하다가, 이제 어쩔 수 없이 현대로 돌아가야겠다 싶어 긴 골목길을 벗어나 버스정류장으로 갔다. 아뿔싸! 이미 막차가 떠나버렸다. 둘러선 산들은 아직도 환한 얼굴인데 이게 어쩐 일인가. 다급하게 근처 식당으로 들어가 주인에게 물어보니 막차시간이 한참이나 지났다. 6월의 지중해, 대낮같이 훤

한 하늘 때문에 착각을 했던 것이다. 한쪽에서 저녁을 먹던 처녀 2명이 동양사내의 얼굴에 드리운 걱정을 읽은 모양이다. 한 아가씨가 일어나 내게로 왔고 사정을 듣더니 택시를 불러 주겠다며 전화를 건다. 메르시! 택시비가 10만원은 나올 테니 메르시는 건성으로 하는 말이었다. 그 동안에 이미 하늘은 짙은 코발트 색이다. 도로변에서 택시를 기다리며 혹시나 고장으로 지각 등장할지 모르는 값싼 버스를 기대하지만 처녀가 불렀다는 택시조차 나타나지 않는다.

사방이 깜깜해지자 겁이 났다. 관광 온 게 아니다. 심사위원으로 왔다. 걸어서라도 오늘 밤 니스까지 가야 기차를 타고 모나코로 갈 수 있다. 그때 식사를 끝낸 두 처녀가 다시 나타나 아직도 도로에서 시성거리고 있는 나를 발견하고 놀란다. 그들은 마치 자신들이 잘못이라도 한 것처럼 동시에 전화기를 꺼내더니 이쪽저쪽 통화를 시도한다. 한 사람은 택시 회사로 또 한 사람은 다른 방법을 찾는 모양인지 무려 10분을 내 주위를 맴돌며 사태 수습에 시간을 보낸다. 드라마에나 나올 법한 희귀한 극(極) 친절 장면이다. 한참 뒤 아가씨 한 명이 택시 기사와 자신의 전화번호를 내 전화기에 찍어주며 택시가 오지 않으면 자기에게 꼭 전화를 해달라고 한다. 니스까진 택시비가 엄청 많이 나오니 가장 가까운 기차역까지 부탁해 놓았다며 액수까지 말해 준다. 도대체 이 사람들은 왜 이러는 걸까?

생폴의 아가씨들이 떠난 뒤 나는 나타나지 않을 수도 있는 택시와 나타나 바가지를 씌울지도 모를 운전 기사에 대한 걱정만 했다. 도대체 나는 또 왜 이러는 걸까? 그날 밤 택시는 나타나 주었고 운전 기사는 바가지를 씌우지 않았고 나는 다음날 드라마 심사에 무사히 참여했다.

지금 이 글을 쓰면서 샤갈의 그림 〈하늘을 나는 남자와 여자〉의 모습을 떠올린다.

그날 밤 생폴의 아가씨는 내 손을 잡고 하늘을 날아서 모나코에 데려다 준 것이렸다.

말 타기 지침서

어린 시절 나는 소타기의 달인이었다. 이~랴! 이~랴! 소 등에 올라타고 엉덩짝을 두드리며 풀피리를 불면 십 수명의 코흘리개 사내와 여자 아이들이 내 뒤를 졸개처럼 따랐다. 동네 뒷산으로 소 먹이러 가는 길이었다. 소 등을 타고 신작로를 행진하다 버스를 마주치면 승객들은 신기해서 창밖으로 시선을 내밀었고 우쭐해진 나는 금의환향하는 이몽룡이라도 된 듯 힘차게 손을 흔들어주곤 했다. 옛날 과거에 급제하면 그런 모습을 하고 고향으로 돌아왔으리라, 물론 소 대신 말을 타고서.

소싯적 소만 타봤던 내가 말을 탔다. 몽골 알타이산맥에서 가까운 홉스굴 초원에서였다. 우리 여행객들이 도착하자마자 어디선가 몽골목동들이 말을 끌고 나타났다. 흰말, 검은말, 얼룩말. 여행대장인 길라잡이 회장님께서 기다렸다는 듯이 말에 올라 초원을 달렸다. 함께 간 여성들은 비행기 속에서 '말은 절대 안 탈거라'며 몸을 으스스 떨었다. 회장님은 말했다. 상황은 역전될 거라고, 안 타겠다던 여자일수록 더 안달하며 즐겼다고 내게 눈을 껌뻑였다. 역시 거짓말이 아니었다. 한번 말을 타기 시작한 여자들은 다음 날부터 모두 애마부인이 되어버렸다. 춰~어! 춰~어!

달리고 싶으면 이렇게 외치면 된다. "춰~어! 춰~어!" 더 달리고 싶은 사람은 춰~어 춰~어 외치면서 두 발로 말의 배를 차주면 된다. 쾌속질주하고 싶은 사람은 고삐로 말의 섹시한 엉덩짝을 철썩 철썩 때리면서 소리를 내지르면 녀석은 당장 준마(駿馬)로 변신한다. 다릉~ 다릉~은 브레이크 잡는 소리다. 말고삐를 채면서 다릉! 다릉! 외치면 말들은 브레이크가 잡힌다. 급브레이크를 잡으려면 약간의 보조기술이 필요하다. 나도 잘 생긴 말 등에 올라 회장님 흉내를 내며 말을 몰았다, 춰~어! 춰~어! 그 모습을 보고 회장님이 말했다 "처음 탄다더니 많이 타 봤나보네!" "어릴 적 소 타고 학교 출퇴근 한 놈입니다!"

말 위에 올라보니 세상이 달리 보였다. 기껏 땅에서 5척 높은 곳에 위치했지만 세상이 한참 눈 아래로 보인다. 사람들은 작아보였고 내 자신은 크고 잘 난 사람으로 느껴졌고 모든 인간이 얕잡아 보이기까지 할 정도다. 나는 신이 나서 말의 엉덩짝을 차며 쾌속질주를 했다. 춰~어! 춰~어! 한참을 맘껏 달리다가 한순간 균형을 잃으면서 땅바닥으로 추락하고 말았다. 놀라서 황급히 달려 온 회장님이 모든 사람을 집합시킨 후 주의사항을 말했다. "말 탈 때 건

방을 떨면 당장 사고가 납니다." "말의 속성을 잘 파악해야 합니다. 빠른 말, 느린 말, 거친 말, 순한 말, 특성을 알고 호흡을 같이 해야 합니다."

말을 타는 건 벼슬을 하는 일이다. 높은 말, 빠른 말은 높은 벼슬을 얻는 것이요 조랑말은 그에 비견되는 벼슬을 얻는 일이다. 계절마다 시절마다 벼슬에 오르는 사람을 본다. 그들이 말을 타고 우쭐대는 것도 보고 낙마하는 것도 본다. 벼슬장이만 말을 탈까. 어찌 보면 우리 인간은 모두가 말 타는 사람들이다. 잘 난 사람은 잘난 대로 모자라는 사람은 모자라는대로 자신의 말을 탄다. 이런 이유로 오래전에 멋진 '말타기 지침서'를 쓴 이가 있다. 고려시대 삼은(三隱) 중 한 사람인 목은의 아버지 이곡(李穀) 선생이 쓴 차마설(借馬說)이 있어 널리 알린다.

"내가 집이 가난해 말이 없으므로 간혹 빌려 타는데, 약한 말은 조심조심 타서 후회가 적다. 그런데 준마를 빌려 타면 의기양양하게 마음대로 채찍질해 달리지만 떨어질까 근심이 많다. 남의 물건을 빌려 하루아침 소용에 대비하는 것도 이와 같거든, 하물며 참으로 자기가 가지고 있는 것이랴! 그런데 따지고 보면 사람이 가진 것 중에 어느 것 하나 빌리지 아니한 게 있는가. 임금은 백성으로부터 힘을 빌려 높고 부귀한 자리를 가졌고 신하는 임금으로부터 권세를 빌려 은총과 귀함을 누리고 아들은 아버지로부터, 지어미는 지아비로부터, 비복은 상전으로부터 빌린 것이다. 그런데 그 빌린 바가 너무 많아 대개는 자기 소유로 생각하고 끝내는 반성할 줄 모르고 산다. 이 어찌 미혹한 일이 아니겠는가!

그러다가 그 빌린 것이 혹 잠깐 사이에 도로 돌아가게 되면 만방의 임금도 외톨이가 되고 백 승(乘·네 필의 말이 끄는 수레)을 가졌던 집도 외로운 신하가 되니 하물며 그보다 더 미약한 자야 말할 필요가 있겠는가. 맹자가 일컫기를 '남의 것을 오랫동안 빌려 쓰고 있으면서 돌려주지 아니하면 어찌 그것이 자기의 소유가 아닌 줄 알겠는가' 하였다. 내가 여기에 느낀 바가 있어서 차마설을 지어 그 뜻을 넓히노라."

책장 속에서 길을 잃다

아내는 그릇을 무척 좋아한다. 이런 기질은 여행 중에 더 강하게 나타나서 마주치는 그릇 파는 집은 꼭 들러야 하는 필수 코스다. 얼마 전 이스탄불에서도 그랬다. 도착한 날 호텔 앞에 옹기종기 붙어 선 그릇 집들을 보는 순간 앞으로 전개될 일이 눈에 선했다. 예측대로 일은 진행됐다. 이슬람 문화 특유의 문양과 모양을 가진 그릇들은 그녀의 마음을 당장에 사로잡았고 성스러운 그릇 집 순례의 막이 올랐다. 어느 상점에서 묘하게 생긴 차 주전자 한 놈에게 빠진 그녀는 그날부터 생쥐 풀 방구리 드나들 듯 조석으로 그 집을 들락거렸다. 한국아줌마의 끈질김을 모르는 남정네가 있을까. 이번 여행에 더 크게 깨달은 점은 터키 장사꾼의 끈기도 그에 못지 않다는 점이다. 매일 구경과 흥정만 하는 손님에게 낯빛 하나 변하지 않고 차(茶)까지 대접하며 반기는 사내의 상술은 모스크 사원처럼 도저했다.

역시 하수(下手)는 내 쪽이었다. 하루는 성질을 못 참고 마지막 동행이라 선언하고 따라 나섰다. 그날 사단이 나고 말았다. 주인이 아내에게 보여주려고 멋진 차 주전자를 꺼내다가 그만 뚜껑이 떨어져 깨지고 말았던 것이다. 하지만 나는 안도의 한숨을 쉬었다. "아, 이제야 이판사판 결판이 나겠구나." 역시 '밀당'은 끝났다. 그녀는 같은 걸 구해오면 그 가격에 사겠다고 했고 사내는 못 이기는 체 전화기를 들고 쉘라쉘라 누군가에게 주전자 모양새를 설명하고 있었다. 귀국해서 어느 날 그 사연 많은 주전자로 차를 마시다가 아내의 그릇장 옆에 서 있는 내 책장을 쳐다보았다. 주부에게 그릇장이 갖는 의미나 바깥 일꾼에게 책장이 갖는 의미는 유사하다. 말하자면 주부나 직장인이나 스스로의 존재감을 느끼는 중요 수단이 책장이고 그릇장이다. 언젠가 유명 작가의 소설로 대하드라마를 만들 생각으로 자택을 찾아가 서재에서 얘기를 나누는 중이었다. 함께 간 후배는 귀를 기울이는데 나는 도대체 한눈을 팔 수밖에 없었다. 광채! 360도 벽을 둘러싸고 있던 수많은 책이 생산하는 광채! TV에서 세계적 석학의 배경으로 선 장중한 책장을 보노라면 마치 유명한 오케스트라 지휘자 뒤로 악기를 든 수십명의 단원들을 보는 듯하다. 연주자 한 명 한 명을 아울러서 그가 빚어낼 장엄한 교향곡이나 책장 속 한 권 한 권의 책들을 아울러서 대학자가 빚어낼 높은 지식과 철리를 헤아려 본다. 보통사람에게도 책장은 직업인으로서 가진 아우라라는 걸 그때 처음 느꼈다. 아내의 그릇장을 들여다보니 칸칸이 온갖 종류의 그릇들이 가득 차 있다. 각양각색 스무 개 가까운 차 주전자가 빛나고 있다. 영국에서부터 독일과 이탈리아, 중국, 일본에서 온 것들이었고 터키 출신도 들어 있었다. 그릇들은 용도도 모양과 무늬도 다양했지만 일통하는 주제가 있었고 지향점도 있는 듯했다. 아내의 그릇장이 헤비급이라면 내 책장은 홀쭉한 라이트급 선수였다. 소설책 몇몇 권과 시집들, 몇몇 권의 시나리오 극작론과 매스컴 이론서. 제목을 훑어보는 데 3분도 채 안 걸리는 양이었다. 양이 작으니 독서의 주제나 체계적 방향성을 따지고 말고 할 필요도 없다. 책들을 하나하나 꺼내어 제목들을 훑어보았다. 오랜만에 맡는 책 향기가 날 부끄럽게 만든다. 아내의 질긴 집착과 탐욕을 흉봤지만 세상을 누비며 내가 탐닉했던 바는 무엇이었을까. 그날 나는 책장 속에서 길을 잃고 한참이나 미아가 되어 있었다.

섬의 박물관 속에서

나는 지금 거대한 박물관 속에 살고 있다. 사무실에서 30분 정도 자동차를 달리면 나타나는 진해 앞바다. 표표히 떠 있는 섬과 바다가 만들어내는 미장센은 황홀의 극치다. 필설로 그 아름다움을 형언키 어려우니 지리학적 자료를 제시한다. 경남의 바다 위엔 무인도 464개, 유인도 77개, 모두 541개의 섬이 존재한다. 진해에서 마산, 거제, 통영을 거쳐 고성, 사천, 남해, 하동 앞바다에 떠있는 섬들이다. 이 중엔 이미 세상에 이름을 떨친 섬도 많다. 고구마로 유명한 통영의 욕지도는 신석기 때 패총이 발견된 섬이다. 등산객에게 인기 높은 사량도는 상도와 하도를 가르는 해협이 뱀을 닮아 붙인 이름인데 이 섬 속의 지리산은 기암괴석의 옥녀봉과 칠현봉 때문에 제2 금강산이란 명예를 얻었다. 주변 바다엔 낙지, 멸치, 학꽁치, 우렁쉥이들이 산다고 한다.

장군봉으로 유명한 대매물도에 오르면 욕지도, 사량도, 선유도,

가익도가 눈앞에 있고 날씨가 좋으면 대마도까지 조망할 수 있는 섬이다. 이웃한 소매물도의 비경은 남도의 섬 중에서 가히 으뜸이라 소문났다. 거제 지심도는 수령 수백년의 동백 숲이 터널을 이루고 3월 이때쯤엔 동백꽃 요염한 빛에 유혹당하기 쉬운 곳이다. 천연기념물 팔손이나무 자생지인 비진도는 산홋빛 해변과 긴 천연백사장으로 유명하고 연화도의 비탈에 선 보덕암에서 바라보는 연화열도와 바다 전망은 그 환상성과 호방함이 이름 높다. 주변엔 참전복, 말전복, 까막전복이 풍부하게 서식한다는 정보. 임진왜란 통한의 최대 패전지 칠천량 해협의 칠천도, 서포 김만중의 번뇌와 고독이 서린 유배문학의 섬 남해 노도, 모두 가슴에 찡하게 와 닿는 섬이다.

세상 사람이 백인백색이듯 섬들도 백심백색이다. 이름도 모양도 크기도 천태만상이다. 떼도, 늑도, 장도, 혈도, 애도, 율도, 와도, 외도, 솥땡도, 쫑기도. 밀물과 썰물에 잠기기도 나타나기도 하는 암초 섬을 '여'라 하는데 이네들의 이름도 가지가지다. 까치여, 소당여, 큰북여, 돛단여, 안노루여, 바깥노루여. 이름과 모양뿐 아니라 섬이 품고 있는 전설과 설화와 민속과 역사까지 다양하니 남해바다는 섬의 대박물관이다. 배를 타고 섬과 섬 사이를 오갈 때 수많은 생각과 마주친다. '사람과 사람 사이에 섬이 있다'는 시인의 말도 떠오르고 '인간은 하나의 우주다'라고 말한 게오르규도 생각난다. 바다에 몸을 담근 채 얼굴을 내밀고 있는 섬들은 하나의 인간인 듯하고 우리네 인간도 개개인이 섬 같은 존재라는 생각이 든다.

이곳 남도엔 고고하게 떠 있는 섬 같은 인물도 많다. 남해바다 어느 섬 어느 포구를 가더라도 그 혼과 넋을 마주치는 충무공, 그는 한반도만큼 큰 섬이다. 통영 출신 박경리도 그러하다. 그의 섬에 오르면 '토지'를 만나고 대하의 강이 흐른다. 하동의 평사리에서 발원한 강줄기는 섬진강과 하동과 지리산 첩첩을 돌아 만주의 용정까지 굽이치고 다시 거슬러서 서울과 진주, 조선반도로 역류한다. 그 강물 위에 떠돌던 파란만장한 인생들이 기억난다. 서희, 길상이, 용이, 조준구, 월선이, 임이네, 홍이와 거복이. 박경리는 조선인과 한반도를 품은 웅혼한 섬이리라.

꽃의 소묘로 쌓아올린 무의미론의 큰 섬 김춘수도 이곳 출신이며 윤이상과 전혁림과 문신도 음악과 그림과 조각의 큰 섬이다. 연극과 시를 품은 유치진 유치환 형제, '지리산'을 소설로 쌓은 이병주도 이 지역에서 만나는 넓고 깊은 섬이다. 나는 선생의 '소설알렉산드리아'와 '행복어사전'을 좋아했고 비범해 보이는 풍모를 특별히 좋아했다. 이곳에 와서 만난 평범한 한 사람 한 사람도 내 생애 처음 마주치는 인상적인 섬들이다. 어떤 이는 낚시를 왔다가 섬에 반해 해상공원을 건설한 이도 있고, 어떤 이는 간암 선고를 받고 삶을 정리하러 히말라야에 올랐다가 돌아와 고액 기부클럽 '아너 소사이어티' 멤버가 된 인생도 있다. 또 어떤 이는 빈주먹으로 일군

기업 이익을 예술에 대폭지원하고 재즈 공연이 있으면 제일 앞자리에서 환호성을 보내는 노익장도 있다. 그는 75세 은퇴 후엔 노르웨이에 색소폰 유학을 갈 것이라 한다.

이곳 섬의 박물관에 와서 명구(名句) 하나를 얻었다. '인간은 섬이며 인생은 자신의 섬을 가꾸어가는 일.'

아르키메데스의 유레카, 나의 유레카

인간 불행의 유일한 원인은 자기 방에 고요히 머무는 방법을 모른다는 점이다— 파스칼이 '팡세'에서 한 말이다. 여행이란 말 속엔 다양한 욕망과 환상이 숨어있다. 지난 여름 니스에서 비행기를 타고 파리로 가는 길이었다. 업무를 끝낸 후라 출장은 여행으로 전환되었고 콧노래까지 절로 나왔다. 파리공항에 내려 예약한 시내 호텔을 찾아나섰다. 버스를 타고 와서 호텔 근방에 내렸지만 도심 속에 있는 작은 호텔을 찾기란 쉽지 않았다. 바퀴 달린 큰 여행가방을 질질 끌고 서류가방을 맨 채 오가는 행인들을 피하며 골목골목을 살폈다. 출장 뒤끝이니 가방은 무거울 대로 무겁다. 햇볕 쨍쨍 내리쬐는 도로를 한참 걷다보니 얼굴엔 땀이 줄줄 흐르고, 가다 쉬고 쉬며 닦는 형국이다. 세계 대도시 사람들은 언제나 바쁘다. 빠르게 오가는 사람들 사이에서 땀을 닦고 서 있으려니 장애물이라도 된 듯 미안하다. 사실 더 짜증나는 건 나 자신이다. 내 꼴이 짐꾼이니 섹시한 파리 아가씨에게 추파 한번 못 던지고 그 늘씬한 S자 몸매에 눈길 한번 못 줄 형편이다. "아, 이럴 때 누가 가방 하나만 들어주면 얼마나 좋아!" 푸념을 내뱉다가 파란 신호등으로 바뀐 횡단보도를 헐레벌떡 건너기 시작했다. 내가 뛰니 짐 가방들도 투덜거리는 소리를 내고 지나가는 사람들이 쳐다본다. " 만인의 취미인 여행도 무거운 가방을 끌며 가라면 가혹한 형벌이다." 그 순간 번쩍 떠오른 생각! 나는 파리 어느 동네 행단보도를 건너다 멈춰 섰다. 그리고 오가는 사람들이 보든 말든 작은 소리로 외쳤다. "유레카! 유레카!"

왕관이 순금인지 가짜지를 알아내라는 왕의 추상같은 명령에 목욕하다 벌거벗은 채 거리를 달리며 아르키메데스가 외쳤던 말 '깨달았다'가 여행길 내 입에서 튀어나오다니.

그래, 내 주위에도 평생 무거운 여행 가방을 끌고 다녀야만 하는 사람들이 있다. 마치 바위를 지고 가파른 산꼭대기를 올라가는 시지프처럼 한평생 여행길에 무쇠 가방을 끌고 세상으로 나아가야 하는 사람들이 있다.

나는 행단보도를 건너 가방을 내려놓았다. 전화기를 꺼내 서울로 전화를 했다. "별일 없냐. 김 감독!" "아니, 파리에서 웬 전화유!" "심심해서 했지, 짜샤!" "허! 심심도 하시겠다. 약 올리려고 했구만?" "유레카!" "뭐라구요?"

김 감독은 10년 전까지 사지 멀쩡한 잘 나가는 드라마PD였다.

하지만 교통사고로 한순간에 식물인간이 되어 사경을 헤매다가 기적처럼 일어났다. 그는 지금 장애인이지만 지팡이를 짚은 채 드라마를 만들려고 이곳저곳을 열심히 쏘다니는 중이다. 내가 출장을 오기 전날 김 감독은 긴 복도를 피사의 사탑처럼 기운 모습으로 한쪽 다리를 끌며 내 방으로 왔다. 드라마 아이디어 하나를 상의하기 위해서였다. 언젠가 휠체어를 탄 그와 점심을 먹으러 가는 길에 인도를 두고 자동차가 오가는 위험한 아스팔트 찻길로 휠체어를 내몰았다. 몽매한 나는 울퉁불퉁한 길 위로 바퀴를 굴리는 일이 얼마나 고통스러운지 이번 여행길에서야 알아챘다. 그는 내 꼴난 여행가방보다 수백배 더 무거운 가방을 끌고 여행 중인 사나이였다. 나는 전화기 저편에 있는 김감독에게 크게 외쳤다. "유레카! 김영진."

'얼~쑤!' 추임새에 관하여

'계절의 여왕' 5월을 나는 '추임새의 시절'이라 명명키로 했다. 꽃피는 춘삼월 지나 5월은 노랫가락으로 치자면 몇 소절을 뽑아 맛이 살짝 오르는 지점이다. 이쯤에서 고수(鼓手)가 "얼~쑤! 좋~다!"하고 소리꾼을 향해 추임새를 넣어주면 가수(歌手)도 흥이 돋고 관객도 신명이 나는 법이다. 우리네 삶도 마찬가지다. 세상살이 굽이굽이마다 한 번쯤 "얼~쑤, 좋~다! 절~쑤, 좋~지!" 하고 흥을 돋워주면 없던 힘도 생기는 법. 모진 겨울을 통과하고 초록이 대지를 장식할 즈음에 함께 하는 이들끼리 손잡고 나들이를 하는 일은 서로에게 추임새를 넣어주는 일이다. 그래선지 요즘엔 곳곳에 축제풍년, 행사풍년이니 인생에서 축제야 다다익선 아닌가. 재작년(2009년) 이맘 때 저조한 드라마시청률 때문에 모두가 우울해 하길래 추임새 한 번 넣을 양으로 축제 하나를 기획했다.

당시 황정민, 김아중이 주연한 〈그저 바라보다가〉가 방송 중이었는데 시청률이 저조해 모두 힘이 빠져 있었다. 7%로 출발한 시청률은 방송 내내 10% 초반에 멈춰 제작진의 애를 태웠다. 제작본부장은 〈그 바 보〉가 15%를 넘어서면 스트리킹을 하겠다고 야유조로 독려를 했고, 오기가 발동한 나는 제작팀을 불러모아 파이팅을 외치며 말했다.

"〈그 바 보〉 시청률 올려서 여의도에 스트리킹 축제 하나 만들자. 15% 넘겨서 김아중과 황정민, 모든 출연자와 제작진이 KBS본관에서 벚꽃 길 따라 별관까지 벌거벗고 한번 힘껏 달리자. 소문나면 드라마 팬들도 몰려올 것이고 제작본부장과 나도 누드로 달리겠다."

〈그 바 보〉는 시청률 15%를 찍으며 막을 내렸고 한 기자는 여의도에 스트리킹 축제가 벌어질 것이라고 기사까지 썼다.

시작은 미미하지만 세월이 흐르며 창대해진 축제가 한둘이 아니다. 많은 이가 알고 있듯이 스페인의 토마토축제는 1944년 토마토값 폭락에 분노한 농부들이 화풀이로 시의원들에게 토마토를 던진 데서 유래했다. 70년이 지난 지금 8월이 되면 세계 각국의 수많은 관광객이 세계적 축제가 된 토마토전쟁에 참가하러 발렌시아의 작은 마을 브롤로 몰려든다. 축제는 단 하루 2시간 동안 마을 대광장과 거리에서 벌어진다. 오전 11시쯤 큰 기둥 끝에 매달린 하몽(돼지 뒷다리를 소금에 절여 만든 스페인 햄)을 따는 순간 폭죽이 터지고 전쟁 같은 축제가 시작된다. 마을은 온통 토마토 범벅이 될 것이니 이미 건물의 창문은 비닐과 천으로 단단히 감싸 놓았다. 사람들은 물안경과 낡은 옷을 입고 두 시간 동안 빨갛게 익은 토마토에 자신들의 모든 스트레스와 고민을 장착해서 서로에게 총알처럼 무차별 쏘아댄다. 물론 그 격전 속엔 70여년 전 선조들의 시민정신이 녹아 있을 것이다.

하버드대에서도 매년 1월이 되면 재미있는 축제가 벌어진다. 기말고사 전날 밤 시험 준비로 스트레스를 받은 학생들은 옷을 벗고 캠퍼스 곳곳에서 튀어나와 비명을 지르며 스트리킹을 한다. 이름하여 하버드 프라이멀 스크림(Primal Scream). 매년 하버드에는 공부와 성적에 대한 중압감으로 죽음을 택하는 학생들이 있었다. 이 축제는 자살의 문턱에서 다행히 비명을 지르며 옷을 벗고 뛰쳐나와 스트리킹을 했던 한 학생의 몸부림에서 유래되었다고 한다. 오랜 세월이 흐르는 동안 이 알몸질주는 학업의 중압감을 털어내는 추임새로 발전했고 지금은 관광객까지 몰려오는 문화축제로 진화됐다.

현대인은 어느 시대보다 풍요로운 삶을 누리고 있지만 그 어느 시대 인류보다 더 추임새에 갈급해 있다. 우리 삶에 흥을 돋워 줄 추임새를 만드는 일이야말로 풍요로운 삶과 문화 창조의 시작이다.

소풍과 수학여행

김포공항에서 100명이 넘는 여고생 무리와 마주쳤다. 웃음과 소란이 팥죽 끓듯 터져 나온다. 소란을 이겨내는 한 가지 방법은 얼른 소란스러운 무리와 한패가 되는 것이다. 다가가서 말을 거니 제주도로 수학여행 가는 여고 1년생들이다. 원래는 일본으로 갈 여행이 틀어져버렸다고 모두들 입을 삐쭉 내민다. 그때 또 다른 소음이 일며 남학생 무리가 나타났다. 양쪽에서 동시에 비명이 와-와-! 행색을 보니 그들도 수학여행 팀이다. 다행히 얼른 탑승하라는 방송이 나와 소란은 썰물처럼 비행기 탑승구 쪽으로 쏠려 들어갔다. 그들의 뒷모습을 보며 생각한다. "지금은 비행기 타고 제주도, 일본으로 수학여행 가는 시대구나!"

초등학교 5학년 때다. 사환 누나가 얼른 교무실에 대령하라기에 달려가니 선생님께서 서울로 수학여행을 가야 된다고 하셨다. 내가 자란 시골에선 수학여행은 6학년의 특전인지라 눈을 껌벅대니 이미 얘기가 다 되었으니 집에 가서 여행비 900원을 받아오라 하신다. 알고 보니 6학년 형과 누나들로는 단체할인 정족수 20명을 채우지 못해 급히 5학년에서 만만한 놈을 강제 차출한 것이다. 집으로 오며 여행비용 900원보다 영 다른 생각을 했다. 왜 많은 과목 중에 하필 '수학' 여행이라 할까. 소풍과 수학여행의 차이는 뭘까. 1960년대 중반의 일이다.

난생 처음으로 기차를 탔고 난생 처음으로 서울 땅을 밟았다. 숙소 이름이 '산수' 여관이었다. 한방에서 다섯 명이 자는데 밤새 쥐가 천장에서 찍찍거렸다. 하지만 3박 4일 간의 서울 여행은 환상적이었다. 앞뒤가 똑같은 전차를 타고 경복궁과 비원(창경궁)을 구경했으며 남대문을 거쳐 남산에도 올랐다. 당시 남산 중허리쯤엔 대형 조개껍데기 모양의 야외 음악낭과 중앙방송국이 있었다. 우리는 방송국 앞에서 난생 처음 여자 탤런트를 마주치는 행운을 맞았지만 우리 중 가장 흥분한 사람은 인솔 선생님이었다. 그럴 수밖에 없었던 건 시골에 TV가 없었으니 배우 얼굴을 알리가 없었다.

매일 아침 우리는 나무도시락을 하나씩 챙겨들고 나들이를 나섰다. 노란 무와 콩자반으로 된 반찬은 너무 달아서 촌놈 속을 뒤집었고 나는 약국에서 만병통치 부채표 활명수를 사려다가 그만 미아가 되고 말았다. 서울은 '눈 뜨고도 코 베어가는 곳'이라는 어른들의 말씀을 다행히 엿들은 바 있기에 한 손으로 코를 감추고 거리를 헤매고 헤매어 경찰서를 발견했다. 종로 경찰서 쯤으로 사료

된다. 어디서 왔냐? 어디서 자냐? 경찰관 아저씨의 심문에 다행히 '산수'라는 이름을 가진 여관이 아니었더라면 미아가 되어 인생이 바뀌었을지도 모르겠다. 저녁 무렵 선생님께서 헐레벌떡 경찰서로 찾아오셨다. '미안하다, 감사하다'를 되풀이하며 머리를 조아리시더니 순경아저씨 호주머니에 50원을 슬쩍 넣어주셨다. 그날 밤 나는 산수여관 2층 방에서 형들과 누나들, 중인환시 속에 선생님으로부터 귀싸대기를 얻어맞았다. "네놈 잃어버렸으면 네 아버지에게 내가 맞아죽어!" 선생님은 아버지의 친구였다.

방금 제주도로 떠난 학생들에게 내 지질한 서울 여행과 900원 때문에 수학여행 못 간 그 시절 형과 누나들의 얘기를 하는 건 부질없는 짓이다. 새로운 시대가 왔고 새로운 환경에 사는 신인류가 등장했다고들 한다. 우리는 더 이상 아들과 딸들의 스승이 될 수 없으며 그들의 스승은 인터넷과 사이버 공간에 존재한다. 이 시대의 잣대로 따지자면 오히려 아버지와 엄마는 유치원생이거나 초등학생이다. 아이들은 우리보다 더 많은 세상을 가지고 있고 더 많은 정보를 알고 있다. 컴퓨터와 휴대폰에 떠 있는 수십개의 애플리케이션은 하나하나가 그들 세상으로 들어가는 출입구다. 구인류가 신인류와 더불어 살아가려면 그런 신인류 세계로 수학여행을 떠나보는 게 좋을 것 같다. 집을 나서면 미아가 되거나 배탈이 나기도 하고 '탤런트' 같은 생소한 어휘들, 트위터, 메신저, 블로그, SNS를 만나기도 하겠지만 그게 소풍과 수학여행의 차이라 생각하고 길을 나서는 거다. 신인류가 제주도와 일본으로 요란스럽게 수학여행을 갔을 때, 구인류는 일손 잠시 멈추고 신인류의 세상 속으로 소풍을 가보는 게 어떨까 싶다.

바벨과 바벨탑

25년 전 나는 지하 운동권이었다. 생애 처음으로 간 유럽 여행이 그 길로 들어선 계기가 됐다. 스무 명이 보름동안 패키지 여행으로 유럽의 명승고적을 누비고 다녔다. 그중 다섯 사람은 방송국 식구였는데 탤런트 김영애, 박원숙 씨도 일행이었다. 오전 6시부터 시작된 일정은 하루 10곳의 관광지를 돌 정도로 강행군을 했다. 버스가 관광지에 도착하면 지형지물에 관한 짧은 브리핑을 들은 후 얼른 사진 잘 나오는 포인트에서 인증샷을 찍고 화장실에 들렀다가 다시 버스에 올라 다른 장소로 달려갔다. 오후가 되면 버스에서 졸음 쫓는 일이 제일 힘들었다. 늦은 밤이 되어 호텔로 귀환하면 다음날 새벽 출발을 위해 허둥지둥 모두 자기 방으로 흩어져 침대에 뛰어들었다. 바에 모여 앉아 맥주 한 잔에 그날의 행적을 오손도손 되새김하는 일은 그림의 떡이었고 마치 군대시절의 행군훈련 같았다. 가이드는 여행의 3대 수칙을 매일 되풀이해서 읊어주었다. "많이 먹고, 많이 자고, 많이 보시라!" 마치 율리우스 카이사르의 'VENI VIDI VICI(왔노라 보았노라 이겼노라)'처럼 그 말은 묘한 투지를 불러일으켰고 우리 일행은 낙오 없이 유럽 약진을 계속했다.

하지만 나만은 예외였다. 알프스의 '융프라우'로 올라가는 버스 안에서 누군가 어깨를 툭 쳤다. 놀라 돌아보니 함께 온 칠십 후반의 노부부가 멋진 풍광을 외면한 채 코를 고는 젊은이가 한심해서 깨운 거였다. 그날 나는 '젊은 처녀' 융프라우가 머리에 하얗게 단장한 만년설을 보며 다짐했다. "돌아가면 운동하리라!"

서울로 귀환하자마자 나는 운동권이 되었다. 마침 방송국 지하에 체육관이 있어서 회사 동료들은 본인들을 지하 운동권이라 불렀다. 그날 이후로 열성 멤버가 된 나는 지금도 새벽이면 Mr 유니버스 사진 앞에서 바벨과 덤벨을 들고 심신단련을 한다. 근육은 강한 자극을 반복하면 부풀어 오른다. 이때 고단백을 섭취하면 부푼 근육은 그 형태를 유지하게 된다. 헐크처럼 울퉁불퉁 기괴한 근육을 가진 육체미 선수가 탄생하는 건 이런 근육의 속성 때문이다.

인간의 몸은 참 신기하다. 약골인 나 같은 이도 운동 덕분에 제법 근육질의 남자로 변신했고 간혹 몸매 좋다는 소리를 듣기도 한다. 칭찬을 들은 다음 날은 신이 나서 더 욕심껏 쇳덩어리와 씨름을 한다. 벤치프레스에 누워 역기를 가슴에 올리면 심장이 터질 듯, 힘줄이 끊어질 듯 고통스럽다. 들었던 쇳덩어리를 내팽개치고 거울 앞에 서서 부풀어 오른 근육을 보면 고통은 환희로 치환된다. 단단한 두 다리는 어떤 중노동도 버틸 것 같고 굵어진 두 팔은 세상의 힘든 시련도 품을 것 같다.

요즘은 하루라도 건너뛰면 심신이 편하질 않다. 운동을 쉬는 토요일, 일요일엔 오히려 컨디션이 떨어지고 몸이 찌뿌드드하다. 지난 주말엔 회사에 가서 평소보다 더 '빡세게' 운동을 하고 돌아오니 아내와 아들은 그때까지 자고 있었다. 땀을 많이 흘려 허기가 진 나는 고함을 질렀다. "해가 똥구멍까지 찼는데 뭐하는 인간들이야?" 이후에 벌어진 드라마는 상상에 맡긴다. "그놈의 근육 키우면 뭘 해, 사람이 마음을 키워야지." 그날 이후 의문이 생겼다. 무거운 쇳덩어리와 씨름하며 심신단련을 했음에도 나는 왜 세상의 작은 꼴불견에 흔들리고 마는가. 가족의 작은 실수, 선후배 동료의 작은 결례에도 쉽사리 무너지고 마는가. 큰 근육을 만들면 큰 마음이 들어앉을 거라 믿었건만 내가 그동안 바벨로 쌓은 탑은 바벨탑이었던 모양이다.

"베트남 사람, 오줌보 절대 작지 않다!"

한류(韓流)바람에 실려 말레이시아와 베트남에서 한 달 간 드라마 강의를 하고 왔다. 그곳 PD와 작가들은 한국 드라마의 필살기를 배우려 혈안이 되어 있었다. 외국만 나가면 늘 언어 때문에 주눅 들었던 내 어깨와 목. 이번엔 그 반대상황으로 목과 어깨에 힘이 들어갔던 한 달이다.

쿠알라룸푸르 강의를 끝내고 하노이에서 있었던 일이다. 강의 마지막 날, PD 한 명이 내게 오더니 공손하게 물었다 "쌤! 내일 하롱배이 가시지 않을래요?"

"인석들이 선생님을 제대로 모시네!" 혼잣말을 하며 오케이~ 했다.

다음날 아침 7시 호텔 로비에 그가 나타났다. 근데 한 명이 아니다. 목석같이 강의만 열심히 듣던 친구와 한국산 '소나타'를 가졌다고 자랑하던 친구가 '선생님'이 하롱배이 간다는 말을 듣고는 '소나타'를 몰고 새벽같이 호텔에 왔다.

"녀석들 의리까지 있네!"

감동적이었지만 표식 안 내고 4명이 하롱베이를 향해서 출발했다. 하노이에서 170km라는데 3시간이 걸린다니 웬일인가 싶었지만 고속도로에 오르자마자 당장 상황판단이 됐다. 70년대 우리의 신작로를 막 벗어난 수준의 도로다.

하지만 울퉁불퉁한 고속도로 주변은 부러울 정도로 넓디넓은 평야다. 들판에선 뚜꺼운 겨울옷을 입은 농부들이 농사일을 하고 있다. 겨울이라 그래봤자 기껏 15℃ 전후인데 중무장한 모습이 웃음을 일으킨다. 달리던 '소나타'가 갑자기 멈추어 섰다. 순간 자랑스러운 '소나타'가 고장이 났나 긴장했더니 실은 노상방뇨를 위해 세운 거였다.

점잖은 3명의 PD들, 지나가는 차량 무시하고 들판을 향해 돌아서더니 아랑곳하지 않고 힘차게 볼일을 본다. 뭐 흉볼 일도 아니다. 마땅한 휴게소도 없거니와 급하면 우리네도 간혹 그렇게 자연을 만나지 않는가.

"선생님! 내린 김에 사진 한 장 찍죠!" 철컥!

부러운 평야를 배경으로 기념 사진을 찍고 다시 출발했다. 한 시간을 달렸을까? "쌤! 이쯤에서 멋진 Shooting 사이트 좀 찾아보시죠" 하며 차를 세운다. 근처에 드라마 찍기 좋은 장소가 있나 보다 하고 차에서 내리니 3명이 개울가로 달음질을 치더니 훌떡 바지를 내린다. 어, Shooting사이트 찾는다더니 촬영이 아니라 오줌 눌 사이트를 찾는 거였다. 근데 참 황당한 건 또 한 시간쯤 달린 후 차를 세우고 슈팅사이트를 찾는 거였다.

그 순간 난 생각했다. "아, 베트남 친구들 오줌보가 작구나!"

"우리보다 덩치가 작으니 오줌보가 작아 자주 눌 수밖에 없구나." 무려 세 번이나 오줌을 싸면서 도착한 그 유명한 하롱배이!

정말 대단, 대단, 대단! 금강산과 설악산이 바다에 잠겨있는 풍경이랄까, 수천의 산봉우리가 푸른 바다 위로 목만 달랑 내놓고 물속에 앉아 마주보는 형국인데 그 앞을 수백 척의 배들이 오간다.

브라질의 리오데자네이로, 호주 시드니, 이태리 나폴리도 아름답겠지만 하롱배이는 더 아름답다.

얼마나 아름다우면 '세계문화유산'에 가장 먼저 올랐나 싶고, 산수 뛰어나다는 중국에서도 매일 수많은 인파가 몰려온다니 그 장관을 짐작하고 남음이 있으리라.

오줌싸개 PD들 덕에 나는 강의에서 받은 스트레스를 하롱배이에 훌훌 털어냈고 한 달 간의 여정을 드라마틱하게 마무리짓고 서울로 향할 수 있었다. 귀국 비행기 안에서 서해안을 내려다보니 마침 말 많고 탈 많은 '새만금'이 보인다. "아, 하롱배이가 서해안 어디쯤에 있었더라면, 그 세계적 비경을 왜 하필 오줌보 작은 친구들에게 줬지?" 샘이 났다.

잠시 후 도착한 영종도 공항. 활주로를 흰 눈이 점령하고 있다.

베트남의 겨울과는 비교도 안 되는 우리의 한겨울 풍경이다. 나는 비행기에서 내리자마자 갑작스런 요기를 느끼고 화장실로 달려갔다. 넓은 화장실은 소변을 보기 위해 달려온 여행객들로 입구부터 난리 북새통이다. 베트남 사람들처럼 오줌보도 작지도 않은데 웬 난리들이야. 그렇게 중얼거리는 순간! 3명의 베트남 PD들, 벌판으로 달려가 오줌을 자주 싸던 오줌싸개 사내들의 얼굴이 나를 향해 달려들었다. 그네들이 오줌을 자주 눴던 것은 오줌보가 작아서가 아니라 계절이 겨울이기 때문이었다. 그들의 오줌보가 작다고 생각했던 건 내 착각과 편견이 만들어낸 허무맹랑한 결론이었다.

한류에 대한 착각이 이곳저곳에서 포착되고 있다. 한국에 돌아온 다음날 일본에 사는 한류팬 한 사람이 전화를 했다. 탤런트 K군이 일본을 순회하며 콘서트를 한다고 했다. 자기 생각엔 가수도 아닌 이가 일본 열도를 돌며 '콘서트'를 한다니 참 의아하다고 했다. 한류가 궤도를 이탈하는 모습은 이곳저곳에서 목격된다. 너나없이 콘서트를 하고, 너나없이 누드집을 찍는다. 한류를 올바르게 키우는 법은 연기자는 연기로, 가수는 노래로, 감독은 작품으로, 한국대중문화의 매력을 마음껏 표출하는 길이다.

내가 만난 말레이, 베트남 PD들의 드라마를 향한 열정은 우리보다 낮지 않았다. 드라마에 대한 시각도, 지혜도 별반 우리와 다를 게 없었고, 우리 못지않게 강건하고 풍요로웠다. 오로지 환경이 달랐다. 예산이 많지 못했고, 우리만큼 제작 기회가 많지 않았다. '한류'는 아시아의 다른 민족보다 우리가 더 고등한 민족이어서 일어난 건 아니었다. 한국의 대중문화가 가진 특징적 요소, 매력적 요소 때문에 그들이 먼저 좋아할 뿐이다. 이방인을 얕보는 건 한류를 망치는 지름길이다. 베트남 사람들, 절대 우리 보다 오줌보 작지 않다.

번개팅에서 만난 번개

경남 창원엔 '창총'이란 말이 제법 유명하다. 직장 때문에 가족과 떨어져 홀로 사는 중년 남성들이 특히 많아서 그들을 일컬어 창원 총각의 준말 '창총'이라 부른다. 그이들은 외로움을 달래려 이런저런 모임을 만들고 간혹 번개팅도 한다. 신호를 보내면 열일 제쳐놓고 인간탄환 우샤인 볼트처럼 달려 나와 수다를 떠는데 마치 유배 죄인의 회춘모임 같기도 하다. 직업의 면면을 보면 각양각색, 동종 집단의 구태의연한 틀에서 벗어날 수 있어서 생산적이다.

며칠 전에도 번개팅이 있었다. 그날의 수다거리는 그리스 국가부도 사태였다. 말머리를 꺼낸 사람은 물론 방송인. "도대체 그리스 사태가 나한테 미칠 영향은 뭐요?" 내 질문에 중앙은행 관료인 금융전문가가 나섰다. 그는 이 지역 국립대학에 출강해 화폐금융론을 강의하고 있다. 설명이 서서히 강의로 전환되는데 갑자기 그의 휴대폰이 울린다. 젊은 여자 목소리다! "누구야?" 창총들은 이구

동성으로 묻는다. "제자!" "이 밤에 웬일로?" "취직 됐다네." "와~! 그렇다고 정식교수도 아닌 객원교수에게 전화를 해?" 부러워 질투가 섞였다. "선생님하기 나름!"

알고 보니 학생들과 어울려 자주 밥을 먹었다. 며칠 전 종강 파티에도 한 달 강의료의 2배를 쾌척해 50명의 제자들에게 니코스 카잔차키스의 '그리스인 조르바'를 한 권씩 선물했다. 지갑을 열어서인지 명강의 때문인지 모르지만 종강파티는 눈물파티가 됐다고 했다. 어쨌든 그는 베푸는 선생님인 듯했다.

세상이 그런 스승만 기억하는 건 아니다. 초등학교 5학년 때 나는 우연히 배구선수로 뽑혔다. 코치 선생님은 엄격하고 무서운 스파르타식 감독이었다. 간혹 읍내 여중학교 누나 선수들을 초청해 시합을 붙였다. 그날은 이래도 혼나고 저래도 혼나는 날이었다. 지면 계집애들한테 졌다고 엉덩이를 때렸고 이겨도 파이팅이 약하다고 엉덩이를 때렸다. 지금도 그때를 잊지 못하고 있다. 그에게 맞았던 아픔 때문이 아니라 그 시절 익혔던 파이팅 정신 때문이다. 촬영장에서 나는 그때 배운 파이팅으로 "레디~고!"를 외친다. 벌건 엉덩짝은 4일이면 사라졌지만 선생님이 내게 심어준 투혼은 40여 년이 지난 지금까지도 몸속 깊이 박혀있다.

수다거리가 그리스 사태에서 가르침으로 바뀌었다. 판사인 또 다른 창총이 자신의 경험담을 얘기했다. 갑자기 사법연수원 교수로 발령을 받고 부임한 첫날, 그는 출석부를 입수해 학생들의 이름을 테이프에 녹음했다고 한다. 담임할 학생이 무려 126명이나 되었다.

그는 자동차로 한 시간 걸리는 출퇴근길에 녹음된 학생들의 이름을 음악처럼 틀어놓고 외웠다고 했다. 김개똥, 김돌쇠, 이몽룡, 성춘향, 변학도, 심학규, 심청, 논개, 황현. 달랑 이름 세자만 외운 게 아니다. 김개똥, 형제는 3명이며 특기와 취미는 무엇 무엇. 성춘향, 어머니는 월매, 그네를 잘 타고 고향은 남원. 생각해보니 마치 랩처럼 기묘한 노래가 되었을 것 같다. 그 시절 법조계엔 이런 저런 망측한 사건들이 터져 국민은 고시합격자들의 인성교육을 강하게 요구하던 시절이었다고 한다. 그가 이름을 불러주니 뻣뻣하던 사시합격생들은 어느 날부터 고개를 숙이며 인사를 하기 시작했다고 한다.

이름! 시인 김춘수는 일찍이 그것을 알고 있었나 보다.

'내가 그의 이름을 불러 주기 전에는 그는 다만 하나의 몸짓에 지나지 않았다. 내가 그의 이름을 불러 주었을 때 그는 나에게로 와서 꽃이 되었다. 우리들은 모두 무엇이 되고 싶다. 나는 너에게 너는 나에게 잊혀지지 않는 하나의 의미가 되고 싶다.'

인간은 그런 존재인 것 같다. 이름을 불러주면 비로소 꽃이 되거나 벗이 되는 존재.

그의 경험담을 듣고 다음날부터 회사 동료들의 이름을 줄줄이 외우기 시작했다. 그날은 정말 번개처럼 무언가를 깨닫은 번개팅이었다.

착각은 자유, 오해는 자해

이스탄불의 '블루 모스크' 근처 식당에서 항아리 케밥을 먹는 중이었다. 웨이터가 내게 일본사람이냐고 물었다. 대답 대신 나는 싸이(Psy)의 말춤을 췄다. 옆자리에 앉았던 백인 부부가 말을 걸어왔다. "코리아에서 오셨나요?" "예, 서울에서." "오는 데 몇 시간이나 걸리나요?" "11시간요." "어? 네덜란드에서 4시간인데 코리아에서 11시간이나 걸려요?" 이 친구 뭔가 단단히 오해하고 있는 것 같았다. 터키와 코리아가 같은 아시아대륙인데 어떻게 북유럽에서 온 자기보다 3배나 걸릴 수 있단 말인가? 독자 중에도 한국, 중국, 일본을 아시아의 중심이라 생각하는 사람이 있을 것이다. 경제적으로야 그럴지 모르지만 오해는 금물이다. 말레이시아는 CNN에 국가 홍보를 이렇게 하고 있다. 'Malaysia, Real Asia!' 터키에서부터 캄차카반도까지 펼쳐진 아시아대륙의 중간쯤에 위치한 그들이야말로 스스로를 진짜 아시아라 생각할 것이다.

일터에도 오해는 차고 넘친다. 25년 전, 평소 눈여겨 봐둔 예쁜 여자탤런트를 주인공으로 캐스팅했다. 처음 주역을 맡아선지 당장에 방송국으로 달려 나왔다. 내 옆에서 대본을 읽던 그녀가 갑자기 울상을 짓기에 알아보니 자전거 타는 장면 때문이었다. 여의도 광장에서 자전거를 빌려 태우고 꽁무니를 꽉 잡았다. 난생 처음이라 5미터도 못가고 넘어지고 또 넘어졌다. 상처라도 날까봐 나는 얼른 얼른 끌어안았다. 그렇게 넘어지고 끌어안기를 반복하던 중 땀투성이 내게 그녀가 말했다. "감독님, 저 못 하겠어요." 그 순간, 아, 자꾸 끌어안아서 기분이 상했구나 생각하곤 그 후로 캐스팅할 엄두도 내지 못했다. 얼마 전 50이 훌쩍 넘은 그녀를 만났더니 말했다. 배우가 자전거도 못 탄다는 게 너무 창피해서 얼른 도망칠 수밖에 없었다고.

한 달 전부터 작가지망생들과 극작공부를 시작했다. 이곳에도 오해는 무성하다. 학생들은 창작을 세상에 없는 완전 새로운 것을 만드는 창조행위쯤으로 생각했다. 무에서 유를 만드는 일은 하느님의 고유 업무다. 이미 존재하는 것들을 바탕으로 삼아 융합, 확장, 축소, 굴절시켜 새로운 의미를 창출하는 행위, 그것이 창작이다. 또 배우들이 주고받는 대사도 대화로 오해하고 있었다. 대사(臺詞)는 dialogue, 대화(對話)는 conversation, 두 단어는 분명히 다르다. 엄마와 딸의 대화, 친구와 친구 간의 수다는 대화다. 그런 생활 속의 말을 조탁하여 새로운 맛과 멋을 가진 언어를 만들 때 대사가 된다.

영화 바람과 함께 사라지다에서 비비안 리가 했던 말 '내일은 내일의 태양이 뜬다.' 러브스토리에서 알리 맥그로가 했던 말 '사랑은 미안하다고 말하지 않는 거예요'는 불멸의 대사다. 세 딸을 가진 아버지가 주인공인 '지붕 위의 바이올린'에서 둘째딸과 그녀의 애인이 찾아와 약혼했다고 하자 아버지가 외친다. "부모 허락도 없이 약혼을 해? 그래, 저 큰딸년도 허락 없이, 아니 중매쟁이도 없이 지네끼리 해치웠지. 허긴 아담과 이브도 중매쟁이가 있기나 했냐! (문득 하늘을 쏘아보며) 허! 있었네, 있었어! 그럼 너희도 저 중매쟁이란 말이냐?" 대사를 대화로 아는 한 이런 말을 만들어내기란 어려우리라.

이번에 내 일터를 유심히 둘러보니, 오해, 오독, 착각, 곡해 같은 것들이 무성하다. 그런 가시덤불만 확 걷어내더라고 제법 창의적인 인간이 될 것 같다.

2장

지붕 위의 드라마

어머니는 소리꾼

내 어머니는 소리꾼이다. 아낙들이란 들일이나 집안일 하면서 시름에 겨워서라도 더러는 흥얼거리는 법이지만 어머니는 그런 흐릿한 노랫가락조차도 못하는 여인네다. 하지만 내 어머니는 절묘한 소리꾼이다. 어쩌다 시골집에 내려간 날은 그 소리 때문에 새벽잠에서 깼다. 신새벽 들려오는 어머니의 소리들. 문 여닫는 소리, 발자국 소리, 도마질 소리. 문소리도 여러 가지다. 현관문 여닫는 소리. 베란다 여는 소리. 냉장고 문소리. 소리 중엔 주방에서 나는 소리가 가장 많고 냉장고 여닫는 소리가 제일 빈번하다. 문이 열리고 닫힐 때마다 어머니의 요리는 하나씩 하나씩 늘어갈 것이다. 1년에 기껏해야 한두 번 얼굴 내미는 자식이니 임금님의 수라간인들 그렇게 분답했으랴.

어머니의 소리엔 맛이 스며있다. 마늘 다질 때, 고추 다질 때, 김치 썰 때, 소리는 각각 다르지만 그 맛은 사랑과 신명이다. 마늘

찢는 모습을 보노라면 마치 어미 새가 사냥해온 먹잇감을 새끼 부리에 넣어주려 잘게 찢을 때 모습이다. 신명에 겨운 몸짓은 춤사위다. 한쪽에선 된장국 끓는 소리, 한쪽에선 밥솥에서 김 솟는 소리! 도마질 소리들이 쿵-닥닥 쿵-닥닥! 이쯤 되면 난타공연을 방불케 한다. 간혹 어머니는 아버지를 향해 소리치기도 한다. "저기 저것 좀 얼른 갖다 줘요" "이것 좀 잡아 봐요" "아, 뭐해요, 얼른" 아버지의 듬성듬성 응답하는 소리, 변명하는 소리. 명창 노랫가락에 흥 맞추는 고수(鼓手)의 추임새 같다.

잠에서 깨어난 자식은 빠끔히 문을 열어놓고 난타공연의 관객이 된다. 생각해보니 나는 그 공연의 오랜 단골고객이었다. 뱃속부터 그 장단을 들었을 것이니 내 뼈와 살 속에는 그 가락이 흐르고 있을 것이다. 귀를 기울이다보면 아득하게 사라져 간 다듬질 소리, 빨래 소리도 들려온다. 불현듯 그녀의 시계를 거꾸로 돌려야겠다는 생각이 들어, 어머니를 '그녀'로 칭해야겠다고 마음먹는다. 그녀에게도 꽃다운 시절이 있었을 것이다. 봉긋한 젖가슴, 잘록한 허리. 그들은 나를 몸속에 품고 키우기 시작하면서 부풀고 가라앉다가 선을 잃어버리고 시들었을 것이다.

얼마 전 불쑥 어머니를 뵈러 달려갔다가 이른 새벽녘 잠에서 깼다. 그녀의 소리 때문이 아니라 내 나이 탓이었다. 나는 천장을 올려다보며 기다리고 있었다. 멀뚱멀뚱. 시간이 지나도 난타공연은 시작되지 않았다. 그 빈번한 아버지의 헛기침 소리마저도 들려오지 않았다. 집안 구석구석 그릇 가득가득 담겨 있던 이름 모를 알약(藥)들. “밥은 약 먹으려 꼭 챙겨먹어야 해” “…” 그때쯤 희미하게 소리가 들려왔다. 전기밥통 달가닥거리는 소리, 김 새어나오는 소리. 늘 들리던 힘찬 문소리, 발소리는 더 이상 없다. 더 이상 힘찬 난타공연은 사라지고 없다. 하긴 저 소리마저 스러지는 날이면 침묵과 고요만 남을 것이다. 밤새 내린 함박눈에 덮인 새벽 들판처럼, 그녀의 소리, 그이의 소리도 세상에서 영원히 사라지는 날이 올 것이다.

어머니를 뵙고 돌아오는 길, 도로변 단풍나무 잎들이 밤새 다 떨어져 몇 잎만 흔들리고 있다. 그 흔들림 끝에 어머니의 소리가 맥없이 달랑거린다. 어디 내 어머니만 소리꾼이겠는가, 세상의 모든 어머니는 소리꾼이다. 나는 자동차 액셀을 힘껏 밟았다. 갑자기 속도위반을 하고 싶은 충동이 일었다. 왠지 화가 났다.

지붕 위의 드라마

방송국 스튜디오에 구경 와 본 사람은 알겠지만 드라마에 나오는 집들은 짝퉁이다. TV로 볼 땐 그럴듯해도 실제론 천장도 지붕도 없는 칸막이일 뿐이다. 뻥 뚫린 공중에는 조명기구가 대롱대롱 매달려 배우의 얼굴을 비춘다. 웅장한 저택도 막상 지붕이 없으면 뚜껑 깨진 그릇처럼 허접하기 짝이 없다. 집의 요체는 지붕인 모양이다. 창문 없는 동굴은 집이 되지만 지붕 뚫린 궁궐은 노숙자들이나 숨어들 것같이 을씨년스럽다. 그러니 천장은 있지만 지붕이 없는 우리네 아파트는 불완전 주거지라 하겠다.

하지만 삶은 지붕 아래 존재한다. 만남과 이별, 사랑과 미움, 갈등과 화해는 처마 아래서 명멸한다. 〈서울의 지붕 밑〉이라는 1960년대 영화가 있다. 당대 최고 배우 김승호, 최은희, 황정순, 한은진, 김희갑, 허장강, 젊은 김진규와 신영균, 도금봉이 총출동했다. 서울 어느 골목, 터줏대감 한의사 김승호는 젊은 양의(洋醫) 김진

규가 맞은편에 산부인과를 개업하는 바람에 큰 타격을 입자 그를 괴롭히기 시작한다. 반면 미장원을 하는 그의 딸인 청상과부 최은희는 이 젊고 잘생긴 의사와 사랑에 빠져 버린다. 〈서울의 지붕 밑〉을 보다가 불쑥 〈지붕 위 드라마〉를 만들고 싶은 충동을 느꼈다.

그래서 TV문학관 〈나의 피투성이 연인〉을 만들 때 주인공을 기와지붕에 올라가 시를 읽고 허브 차를 마시는 인물로 설정했다.

촬영을 하러 지붕에 오른 날, 그곳이 특별한 이방(異邦)임을 깨달았다. 기껏 사다리를 타고 땅에서 10척(尺) 오른 곳이지만 지붕은 생각보다 멀리 떨어진 곳이었고 나 자신과 세상을 만날 수 있는 여행지였다. 용마루에 앉아 천지를 둘러보니 갑자기 어린 시절 생각이 났다. 할아버지가 초가지붕을 이을 때 떼를 써서 지붕에 올라간 적이 있었다. 그때 그곳에서 만났던 풍경은 평생 잊히지 않는 하나의 명화(名畵)로 마음속에 걸려 있다. 그 어린 시절 나는 불쑥 키가 큰 아이가 되어 땅으로 내려왔다. 50년이 지나 카메라를 메고 올라간 이날도 나는 똑같은 심정으로 지상으로 돌아왔다.

그날 후 나는 더러더러 지붕에 오른다. 그곳에 오르면 도심 속 마천루 숲이 보이고 갑과 을의 숲속에서 벌어지고 있는 치열한 경쟁과 그 빠름 빠름의 달음질에서 긁히고 할퀸 상처들이 떠오른다. 온갖 장애물과 그 덫을 피하려는 발버둥과 도피에 성공한 내 비루한 자화상도 떠오른다. 탐욕스러운 아(我), 부정직한 아, 옹졸한 아(我), 모두 하늘에 비친다. 심호흡을 한 후 향 깊은 허브 차를 마시면, 옹-졸함 대신♪관-대함♪ 비-굴함 대신♪ 담-대함♪ 노래가 들려오고 자유가 안개처럼 온몸을 감싼다. 작게 소리 내어 시(詩) 몇 소절 중얼거리면 빌딩 사이 사람 사이에서 입은 상처의 독(毒)이 하늘로 솔솔 증발된다. 지붕에 오르는 일은 세상과 나를 만나는 짧은 여행이다. 지붕은 히말라야에만 있는 게 아니다. 우리 곁에도 늘 있지만 오르지 않을 뿐이다.

넥타이 부대에 고함

나는 일곱 살 때부터 넥타이를 매기 시작한 사람이다. 놀라진 마시라! 그렇다고 내가 재벌이나 갑부 집 아들이란 뜻은 전혀 아니다. 일곱 살짜리 내게 넥타이를 매어 준 사람은 물론 어머니였다. 어느 날 어머니는 아버지의 중고 넥타이를 질끈 묶어주고는 내 등을 툭 치며 말씀하셨다. "나가서 열심히 뛰어 놀아라! 절대 잃어버리면 안 된다!"

그때 어머니가 넥타이를 매어 준 곳은 내 목이 아니라 내 여린 허리였다. 혁대 대신 바지 허리춤에 아버지의 낡은 넥타이를 꽉 묶어주며 안심하고 뛰어놀라 했던 것이다. 어린 시절 우리 세대의 바지는 대개 고무줄로 된 허리띠였다. 그 고무줄이 갑작스레 끊어져 겪어야 했던 '싸나이'로서의 황당한 추억들! 내가 처음 만난 '넥타이'는 그런 낭패를 막아준 고마운 허리띠로서의 타이였다.

그 후 언제, 어떤 이유로 넥타이를 매기 시작했는진 정확치 않다. 짐작건대 대학 입학하던 해 '첫 미팅' 때가 거의 확실하다. 당시의 미팅은 애국가만 안 불렀지 아주 경건한 경축행사 같았다. 그 이벤트를 위해서 나는 삼촌 방에 잠입해 넥타이를 훔쳤고 그 문화적 장물로 촌놈 신분을 신사로 위장했던 기억이 난다.

그때 내 넥타이 전략은 성공하지 못하고 물거품이 되고 말았다. 내 생애 미팅의 첫 파트너인 그녀가 아예 다방에 나타나지 않았기 때문이다. 그 좌절감이란, 나는 홀로 주점에 앉아 미팅에 성공한 친구들이 파하기를 기다리며 막걸리를 들이켰다. 물론 술집 한 구석엔 삼촌의 넥타이가 저 홀로 팽개쳐져 괄시를 당하고 있었다.

사회인이 된 후에도 넥타이는 여전히 내게서 괄시받는 존재였다. 드라마를 제작하는 일은 전투를 치르는 일과 무척이나 흡사하다. 드라마쟁이에게 넥타이란 마치 유격훈련에 나간 군인의 배낭 속에 든 애인에게 받은 향수 선물 같은 것이랄까. 늘 곁에 스탠바이하고 있지만 왕의 내방을 받지 못하는 궁녀 같은 신세가 드라마 감독들의 옷장에 걸린 넥타이가 아닐까.

근데 몇 년 전 글쟁이 후배 때문에 상황은 역전되었다. 시인인 후배는 유명 출판사의 부탁으로 3개월간 유럽여행을 다녀온 후 멋진 여행 가이드북을 냈다. 그는 책 서두에 큼직한 글씨로 결론부터 써버렸다.

"여행에서 대접을 원하면 넥타이를 매라!" 저 북유럽의 스톡홀름에서 스페인 남단 안달루시아까지 온갖 문화유물과 다양한 사람들을 탐색하며 다닌 그가 쓴 여행기의 한 대목은 이렇다. “여행에 지쳐 공원 벤치에 앉을라치면 옆자리 여인이 얼른 자신의 소지품을 가슴팍에 끌어안는다. 그런 일은 유럽의 모든 곳에서 벌어진다. 처음엔 못된 인종차별이라 생각했다. 그러던 어느 날 거울 속에 비친 내 모습을 마주쳤다. 티셔츠에 등산 조끼를 걸치고 운동모를 눌러 쓴 노숙자 같은 사내. 나라도 내 가방을 가슴팍에 얼른 끌어안을 만했다. 다음 날 멋진 넥타이를 매고 여자들 옆에 앉아 보았다. 그리곤 내 여행기의 결론을 얻었다! 대접을 원하면 넥타이를 매라!”

돌이켜보니 나 역시 세상의 이곳저곳을 여행하며 마주쳤던 일상이고 경험이었다. 후배 글을 읽고 난 며칠 후 나는 그 동안 괄시했던 내 옷장 속의 넥타이를 주섬주섬 끄집어냈다.

남자가 넥타이를 맨다는 것은 신사가 되겠다는 선언이다. 예의와 명예를 중히 여기며 늘 약자를 배려하고 여자를 보호하겠다는 다짐의 매듭이다. 5백년 된 고목나무에 영혼이 살듯,

5백 살 된 넥타이에도 영혼이 살아간다. 옛날 여인의 가슴에 새겨진 주홍글씨가 간통의 ‘낙인’이었다면 이 시대 남성의 목에 매인 넥타이는 신사의 ‘낙관’이다. 나는 곧 세상으로 나갈 내 아들에게도 내 어머니처럼 넥타이를 매어주며 말하려 한다.

“나가서 열심히 살아라. 절대 잊어버리면 안 된다. 네가 신사(紳士)라는 사실을!”

탤런트에게 '사인' 받는 법

내가 탤런트를 처음 본 것은 초등학교 5학년, 서울로 수학여행을 왔을 때였다.

지금은 없어졌지만 남산 허리쯤에 있던 조개껍데기처럼 생긴 야외음악당 구경을 나갔던 날, 우리 촌놈 일행에게 횡재하는 일이 벌어졌다. 근처 중앙방송국 앞에서 역사상 처음으로 '탤런트'를 만난 것이었다.

물론 우리 일행 중 가장 흥분한 사람은 단연코 선생님이었다. 엄마의 몸빼 바지 열배는 될 넓디넓은 나팔바지를 너풀거리며 계단을 내려오던 그녀 모습에 가장 넋나간 사람 역시 지엄하신 선생님이었다.

그녀는 늘 그래 온 듯 잠시 손을 흔든 후 자가용을 타고 사라져갔다. 차가 막 남산 비탈길로 모습을 감추는 순간, 우리의 지엄하신 선생님께서 장탄식으로 소리치셨다. "햐~ 싸인! 싸인을 받았어야 했는데!"

그 후 나는 탤런트와 생활하는 드라마PD가 되었다. 그들과 함께 방방곡곡 촬영을 다니고 또 구경꾼들에게 함께 둘러싸이는 신세가 되기도 한다. 탤런트를 만난 구경꾼들은 옛날 내 수학여행 때처럼 박수를 치며 사인을 해달라고 조른다. 그러다 보면 촬영장은 순식간에 팬 서비스 장으로 변하고 만다. PD입장에서는 작업에 지장이 생기니 짜증도 나지만 그리 기분 나쁜 일만은 아니다. 자신이 만드는 드라마가 시청률이 높다는 증거니까 말이다.

촬영을 다니다보면 눈살을 찌푸리게 하는 '싸인꾼'이 있다. 그 첫째는 식사 중에 싸인을 해 달라고 조르는 사람이다. '밥'을 먹는 일은 따지고 보면 생존을 위한 가장 중요한 업무다. 당신이 가장 중요한 업무를 보는 중에 누군가가 방해한다면 기분이 좋을까? 밥숟가락을 입에 물고 싸인 하는 탤런트를 볼 때마다 '밥 먹을 땐 개도 안 건드린다.'고 했던 옛말이 생각난다.

둘째, 아무 종이나 쑥 내밀며 부탁하는 사람이다. 배우 입장에서 보면 싸인은 자신의 상징물이다. 누가 자신의 심벌을 돌아서면 곧 팽개칠 휴지조각에 정성스럽게 써주고 싶겠는가? '싸인'을 주고받는 것도 일종의 문화다. 예부터 우리에게도 멋진 '싸인'문화가 있었다. 조선시대, 세종대왕의 형님 양녕대군은 왕위를 아우에게 넘겨주고 자신은 시와 술과 노래를 벗 삼았던 당대 제일의 풍류남아였다. 까닭에 조선의 수많은 여인들에게 그는 요즘의 연예 스타쯤 되는 인물이었다.

양녕대군이 평양으로 유람을 가자 평소 그를 지극히 사모했던 평양기생 정향은 하룻밤 수청을 든 후에 기념으로 징표를 받는다. 그녀는 입고 있던 자신의 치마를 벗어 그 치마폭에 글 하나를 써 달라했고 양녕은 그녀를 위해 〈정향나무 한 그루〉란 시를 써주어 지금까지 전해 내려오고 있다. 지금으로 말하면 바로 '싸인'이다.

평생을 간직할 양으로 치마폭에 시를 받는 여인의 마음. 자신을 사모하는 아리따운 여인의 치마폭에 정성을 다해 시를 쓰는 마음. 그것이 내가 생각하는 바람직한 스타와 팬 사이의 싸인 문화다.

김수현의 생업, 김수현의 위업

드라마작가 김수현을 만났다. 드라마란 인간학(人間學)이다. 인간의, 인간을 위한, 인간에 대한 탐색이다. 고로 그녀는 인간학자다. 마침 〈인생은 아름다워〉란 드라마를 집필 중인지라 걸맞은 질문 세 개를 준비했다.

당신에게 있어 드라마는 무엇입니까? 사랑은 무엇입니까? 또 인생은 무엇입니까?

선생의 답변은 이러했다. “인생은 아름답긴 이미 틀린 일이지만 아름다워야 한다고 생각합니다.”

60년 넘게 인생을 엮어왔고 40년 넘게 드라마를 써 온 분의 답변인지라 아프게 와 닿았다. 하지만 철학자 칸트 선생의 유언(遺言)으로 위로를 삼았다. es ist gut! 그는 80세 생을 마감하며 ‘좋다!’고 했다. 고향 30리 밖을 나간 적이 없었지만 당대 사람들은 세상을 알기 위해 모두 그를 찾았다고 한다. 혹시 그녀의 인생관에도 드라마틱한 반전이 있을지 기다려 보기로 한다.

사랑에 대한 물음에 선생은 '있긴 있는 거요' 라고 되물었다. '사랑이 뭐길래'를 썼던 적이 있지 않냐고 응수했다. 사랑은 '취향'이라고 했다. 취향! 생각해보니 멋진 깨달음 같다. 사람마다 취향은 백인백색, 더 수긍되는 것은 자주 변하는 인간들의 그 취향 때문에, 사랑은 눈물의 씨앗이 되기도 하고, 행복의 샘이 되기도 하고, 드라마의 영원한 소재가 되는 것이렸다.

선생에게 드라마란 무엇이냐고 물었더니 주저함 없이 "생업"이라고 했다.

40년 넘게 한국드라마의 왕좌에 앉자 우리의 안방을 눈물바다로 혹은 웃음바다로 만들기도 했던 그녀, 먹고 살기 위해 그 일을 해왔다고 한다. 풍문으로는 모든 신간 소설과 개봉 영화를 그 누구보다 먼저 읽고 먼저 본다는 양반이다. 온갖 다큐멘터리부터 갓 데뷔한 병아리 작가의 작품까지 밤새워 본다는 그이다. 몇 시간의 설파를 기대했던 터에 달랑 두 글자로 '생업'이라니 고승(高僧)으로부터 화두를 받은 듯도 하고 공력(工力)이 약해 우문(愚問)을 했다는 자괴감이 들기도 한다. 살기 위해 한 일, 생업?

그 얼마 후 천안함 사건이 터졌다. 배가 두 조각 나면서 46명의 군사가 창졸간에 실종된 참극이었다. 첨단 장비와 무수한 인력이 동원되었지만 원인규명은 둘째 치고 배 한 쪽을 못 찾고 있었다. 물밑에서 벌어지고 있을 몸부림과 절규를 생각하면 단 1분도 길고 힘든 시간이었다. 며칠 후 불행 중 다행스러운 소식이 전해졌다. “생업으로 고기 잡는 어부가 바다에 가라앉은 함미를 찾는데 결정적 역할을 했다”는 뉴스가 들려왔다.

생업! 일찍이 생업(生業)이란 말에서 그런 숭고함을 느껴본 적이 없다. 그 어부야말로 작가가 말한 생업정신으로 중무장한 전사일 것이다. 그렇게 빛나는 생업정신을 목격하는 일은 계속해서 벌어졌다. 한 여성 산악인이 안나푸르나를 오르던 날 KBS 카메라맨도 정상까지 함께 올라 감동의 순간을 우리 안방에 생방송으로 전했다. 세계 방송 사상 최초의 일이다. 목숨을 건 방송을 마치고 돌아와 그는 말했다. “회사가 가라면 간다.”

요즘 한국 20대 젊은이들의 취업난이 눈물겹고 애처롭다. 떠도는 말로는 취업을 위해 몇 천만 원짜리 해외연수를 다녀오고 대학원·어학원·고시학원 별별 스펙을 다 쌓는다고 한다. 그 어려움을 겪고 취업에 성공한 후, 5년 10년이 지나면 그들의 취업정신은 생업정신으로 전환되어 있을까. 생업정신은 취업정신보다 더 강하다. 김수현 선생을 만나 생업정신이야말로 자신의 진정한 자존심을 지키기 위해 스스로를 태우는 숭고한 횃불임을 알게 되었다.

고기떼를 찾아 목숨 걸고 바다 구석구석을 안방처럼 꿰뚫으려는 그 어부의 빛나는 눈처럼, 한국 방송인의 의지를 보여주기 위해 안나푸르나의 신에게 운명을 맡긴 카메라맨의 그 어깨처럼, 밤새워 쓰는 글 밤새워 읽는다는 명언을 새기며 한 줄 한 줄 대사를 빛어내는 김수현 작가처럼 스스로를 불태우는 일, 생업정신이야말로 위업이다.

가죽바지! 세렌디피디

〈세렌디피디〉란 제목의 영화가 있었다.

뉴욕의 한 백화점에서 x-마스 선물을 고르다가 하나 남은 상품을 동시에 잡은 두 남녀가 '우연한 행운'의 사랑을 시작하는 그런 러브스토리 영화였다.

내가 가죽바지를 만난 것도 그런 serendipity(우연한 행운)였다.

내 영화의 첫 장면은 새 밀레니엄을 앞둔 '99년 겨울, 여의도의 한 카페에서 시작되었다.

친한 후배 탤런트와 커피를 마시며 잡담을 즐기고 있는데 그의 핸드폰에서 요란스런 벨이 울렸다. 전화를 받은 후배 탤런트는 바쁘다며 퉁명스럽게 끊어버렸고, 그의 평소 모습과는 너무나 달라 나는 무슨 일인가 싶어서 누구냐고 물어보았다.

"팬인데 처지가 좀 딱해 따뜻하게 대했더니 하루에 대여섯 번씩 용건 없는 전화를 하네요."

"팬?"

"양복점에서 재단보조를 했는데 얼마 전 실직을 했대요. 주변에 바지 맞출 사람 좀 소개시켜 달라는데, 배우들은 모두 협찬을 받으니까 도와줄 방법이 있어야죠."

"기술은 좋나 봐요! 가죽바지도 만들 줄 안대요. 근데 소아마비라서 직장 구하기가 쉽지 않나 봐요."

"소아마비?"

"네, 한 쪽 다리를 약간……."

"야. 당장 전화해서 치수 재 가라 그래"

"예?"

"그 친구 가죽바지 전문이라고?"

"예! 가죽바지요"

그리고 딱 열흘 뒤 내 인생 처음으로 가죽바지 하나가 집으로 도착했다.

벌써 8년째 가죽바지로 겨울을 나고 있다. 매년 11월이면 나는 '가죽바지 입은 사내'가 되었다가 다음해 3월 꽃샘추위가 물러가면 비로소 벗어난다. 개수도 늘어나서 무려 다섯 개가 되었다. 이런 연유로 주변사람들에겐 가죽바지가 내 페르소나가 되었고, 내 트레이드마크가 되어버렸다.

수천 명이 종사하는 일터에 가죽바지를 입은 사내는 찾아보기 쉽지 않다.

그런 희귀성 때문에 사람들의 눈길도 끌고 또 입길도 끌게 된다.

혹자는 착용감이나 가격이 궁금한 모양이고 또 혹자는 참새떼같이 입방아를 찧기도 하는 모양인데 나도 그 수군댐의 까닭을 모르는 바 아니다.

궁금증에 대한 답은 이렇다.

첫째 가죽바지는 따뜻하고 편하다.

둘째 값이 싸고 반영구적이다.

셋째 멋도 있다.

반신반의하는 사람이 있을 거 같아 임상사례 하나를 들겠다.

그 "팬"이 맞춰 준 바지를 입고 겨울을 난 후 깨달은 바 커서, 당장 하나를 더 맞춰 시골에 계신 아버지께 한번 입어보시라 권했다. 하지만 당사자보다 옆에 계시던 어머니가 놀라서 더 펄쩍 뛰었다.

"얘야! 너나 입어라. 점잖은 양반이 그걸 어떻게 입고 다녀!"

"아주 추운 날 집 안에서만 입어보세요. 그리고 마음에 안 들면 꼭 돌려주세요."

다음해 명절에 갔더니 어머니가 말씀하셨다. "얘! 얘! 참 별일이다! 아버지가 그걸 한번 입더니 아주 벗지를 않으신다!" "너 입다가 닳거든 또 달라고 그러시더라."

가죽바지는 장년들의 시린 무릎에 특효 중 특효다! 늙으신 부모님을 둔 불효들에게 가죽바지 선물을 강권하는 바이다.

'부모님을 사랑하시압!'

가죽바지 입은 사람을 아주 별난 사람으로 보며 입방아를 찧는 참새떼에게는 이렇게 말하고 싶다. “인간은 원래 가죽옷을 입었다오!”

우리의 선조들은 가죽옷을 입고 숲과 들판을 달음질치며 삶을 영위했고 종족을 지켰다. 그것도 가죽바지가 아니라 가죽치마였다. 역사의 ‘가나다라’를 모르더라도 의심할 여지가 없는 사실이다. 그러고 보면 가죽바지를 입는 일은 일종의 ‘온고이지신’ 이다.

덧붙이고 싶은 말이 또 있다.

가죽바지를 입는 것은 분명 파격이며 별남일 수 있다. 하지만 어찌 보면 답습과 획일로부터의 탈출행위이기도 하다. 문화를 창달하는 직업인인 내게 획일과 답습은 입어서는 안 될 족쇄고 마셔서는 안 될 독(毒)이다. 나는 추호도 남의 작품을 답습하거나 내 작품을 답보하는 프로듀서이고 싶지는 않다. 별나다는 편견에도 불구하고 가죽바지를 고수하는 내 의식의 한편엔 답습과 획일로부터의 탈출이라는 몸짓 언어가 들어 있다.

연민으로 출발한 가죽바지와의 만남, 그 우연한 행운은 따지고 보면 직업인으로서의 내 신조까지 다지게 하는 더 큰 행운을 가져다주었다.

나는 이 글을 빌어 다시 한 번 스스로에게 다짐한다.

“참새떼와 거위떼가 함께 입방아를 찧더라도 가죽바지와 이별하는 일은 절대 없을 것임!”

'거미줄'에 걸린 대한민국

나는 개미였다. 지금껏 개미로 살아왔다. 지난 연말 한 모임에서 정부의 어느 차관께서 말씀했다. '지금은 개미보다는 거미로 살아야 하는 시대입니다!' 그 순간 시대감각에 뒤처져 개미로만 살아온 내 자신이 부끄러웠다. 변명을 하자면 드라마란 매일 밤 사람들과 술을 마시며 네트워크를 만든다고 히트작이 나오는 건 아니다. 자기만의 굴을 파고 길을 내어 부지런히 양식을 싸다 날라도 될까 말까다. 그렇게만 살았으니 발도 작고 인맥도 좁은 사람이 되고 말았다. 그날 밤 나는 술에 취해 집으로 돌아와 잠자는 아들을 깨워 일갈했다.

'개미로 살지 말고 거미로 살아라!'

다음날 새김질해 보았다. '현대는 네트워크 시대다. 더불어 정보화 시대다. 개미처럼 살아서는 승산이 없는 삶이다. 거미처럼 망을 만들어야 더 많은 정보를 얻고 더 많은 먹이를 얻어 최후의 승자가 된다.'는 차관 말씀 백번 지당하다. 아들에게 일갈하길 잘했다.

그 후 탈북자 한 사람을 알게 되었다. 그 사내와 남북한의 차이점을 얘기를 하던 중에 그가 물었다.

"선생은 남한을 자본주의사회라 생각하십네까."

"그야 물론이죠."

"착각하지 마세요. 남한은 안면주의 사횝네다."

그날은 더 많은 술을 마셨다. 그의 말이 차관 '말씀'보다 더 충격적이었기 때문이다. 다음날 술이 깬 후 사내의 말도 되새김해 보았다. '이 나라는 안면이 원칙을 앞서는 경우가 너무 많다. 안면이 있고 없음에 따라 일이 풀리기도 하고 안 풀리기도 하는 사회다.'

탤런트와 생활하는 드라마 PD가 안면의 위력을 모를 리 있겠는가. 촬영 중에 배우들과 함께 식당에 가노라면 대접이 달라진다. 있는 반찬 없는 반찬 모두 꺼내와 옆 손님들에게 미안할 정도고 간혹은 아예 밥값을 받지 않는 곳도 있어서 감독 접고 배우로 나서고 싶은 충동을 일으키는 게 안면의 위력이다. 사실은 이런 유의 안면주의라면 시빗거리가 아니라 미덕이다.

차원이 다른 '안면주의'가 존재한다. 이북 출신이 풍자했듯이 안면이 원칙을 흔들어 일의 성사를 결정하고 성패를 좌우하는 경우가 너무 많다. 주위를 둘러보면 병원 입원에서부터 사업 프로젝트를 따는 일까지 안면이 얻어내는 성과는 넓고도 깊다.

하여 사람들은 안면을 만들려고 동분서주한다. 대학마다 최고경영자(CEO) 과정이 범람하고 별별 네트워크 모임이 이렇게 창궐하는 나라는 우리밖에 없을 것이다. 주경야독(晝耕夜讀)파들에겐 누가 되는 말이겠지만 안면을 트고 인맥을 만들려는 거미파 때문에 벌어지는 풍경이라 생각된다.

둘째는 얼굴이 알려지면 까닭 없이 이익을 보는 안면주의가 있다.

언제부턴지 얼굴이 알려지기만 하면 무턱대고 믿고 인정하는 풍조가 생겼다. 그 결과 얼굴을 팔아 모든 일의 지렛대로 삼으려는 이들이 넘쳐나기 시작했다. 얼굴 팔기엔 방송국이 안성맞춤이니 안면주의의 단맛을 본 인사들이 방송국으로 몰려든다. 학자, 의사, 법조인, 예술인, 기업인, 신문과 방송에만 출연하면 더 실력 있는 사람으로 맹신하고 착각하는 우리 스스로가 만들어낸 안면주의 풍속도다.

얼굴 알리기 대회에서 2등하라면 서러운 왕거미는 정치권 인사들일 것이다. 직업의 특성을 감안하더라도 배우보다 더 카메라를 밝히고 마이크를 잡으면 안 놓으려는 장면을 수없이 목격한다. 얼굴 팔린 만큼 국민이 표를 준다는 믿음의 산물이니 유권자가 그 맹신을 깨버리지 않는 한 그들은 앞으로도 카메라와 마이크를 도착적(倒錯的)으로 사랑할 것이다.

주위를 둘러보면 오늘도 '거미줄로 황소 잡으려고' 구석구석 줄을 치고 다니는 거미들이 수두룩하다. 개미는 줄어들고 거미들이

비정상적으로 많아지면 생태계는 왜곡된다. 세상이 온통 거미줄로 뒤덮이면 까닭 없는 희생자도 생겨나고 종국엔 착한 황소마저도 거미줄에 걸려 죽임을 당하는 비극적 드라마가 벌어질 것이다. 아들에게 했던 말을 늦기 전에 취소해야겠다. 지금은 군대에 있어 이 글을 볼지 모르지만 다시 명령한다.

'아들아! 개미로 살아라.'

좌우명 자랑 '入虛與有人'

10여년 전 우연히 멋진 말(言) 하나를 만나 첫눈에 반해 좌우명(座右銘)으로 맞았다.

입허여유인(入虛與有人). '빈 방에 들어가더라도 사람이 있는 듯 행동하라.'

글자가 품고 있듯이 좌우명이란 앉은자리 오른편에 모셔놓고 조석으로 음미해야 걸맞은 법인데 글의 출신 성분도 모른 채 옆에 앉혀놓고 자랑만 하고 다녔다. 반성하건대 그 자체가 좌우명을 거스른 행동거지였다. 득 본 일도 생기긴 했다. 은밀하게 고백하면 골프 스코어가 좋아졌다. 예전엔 볼이 숲속에 들어가면 아무도 보는 이 없으니 좋은 곳에 슬쩍 옮겨놓고 플레이할 때가 있었다. 그 홀에선 한두 타 이익을 챙겼다. 하지만 다음 홀부터 일이 벌어진다. 뒤땅을 치고 생크를 내서 더블, 트리플로 라운딩을 망치는 일이 일어났다. 좌우명이 생긴 후부터는 숲속에서도 누군가 보고 있다 생각하며 정직한 라운딩을 했다. 골퍼들은 공감할 것이다. 오히려 스코어는 훨씬 좋아졌다.

근본과 출신을 알아보니 '入虛與有人'은 중국의 예기(禮記)에 있는 글이었다. 원문은 '집허여중, 입허여인(執虛如重, 入虛如人)' 두 문장으로 돼 있다.

'빈 것(그릇 종류)을 들 때도 무거운 듯 들고 빈 집에 들어갈 때도 사람이 있는 듯 조심하라!'

성종의 어머니인 인수대비가 엮어놓은 '내훈(內訓)'에도 들어 있다고 한다. 문장을 우리네 방송 버전으로 풀어보니 '몰래카메라가 당신을 보고 있다'쯤이 된다. 방송가에 '몰래카메라' 프로그램이 널리 유행한 적이 있다. 대표적인 것은 〈이경규가 간다〉라는 코너다. 개그맨 이씨는 유명인들을 난처한 상황에 빠뜨려놓고 '몰카'로 위기를 맞은 그들의 적나라한 행동거지를 찍어서 쾌감을 불러일으켰다. 인간이 가진 훔쳐보기 욕망을 자극한 덕분에 인기도 좋았고 위력도 대단했다. 당시 유명 여성 변호사 한 사람은 사무실로 찾아온 위장 의뢰인들을 고압적으로 다뤄서 쌓아온 명성에 치명타를 입었다. 변호사가 아니라 군림하는 자였다. 상반되는 일도 있었다. 어느 남자가수는 무뢰한의 억지에 끝까지 참을성과 너그러움을 보여주어 진정한 신사가 됐다.

물론 '몰카'에 대한 반감도 적지 않았다. '흥미위주의 자극성 프로그램'이고 '연예인 괴롭히기'라는 비판을 받기도 했고 사생활 침해 논란을 빚기도 했다. 하지만 몰카 프로그램을 꼼꼼하게 관찰하면 삶의 지혜를 얻을 수도 있었다. 정직하고 올바르게 사는 것이 최선이고 최고의 전략이라는 교훈을 배울 수 있었다.

'入虛與有人'을 좌우명 삼은 후로 '몰카'가 따라다닌다고 생각하며 살아보니 이득 보는 게 한두 가지가 아니다. 우선 과속운전을 하지 않아 교통 범칙금이 줄어든다. 건강에도 보탬이 된다. 카메라가 촬영 중이라는 생각을 하고 걷다보면 자세가 개선된다. 구부정한 어깨는 펴지고 허리는 똑바로 서서 마치 모델처럼 균형 잡힌 걸음새가 될 것이다. 외양만 좋아지는 게 아니다. 더 좋아지는 것은 인생 자체일 것이다. 얼마 전 국회 인사청문회의 어처구니없는 풍경을 지켜봤다. 총리, 장관 후보의 살아온 궤적들이 낱낱이 들춰지고 후안무치한 행적이 카메라로 찍은 듯 공개되었다. "아뿔싸, 내 좌우명이 정작 필요한 이들은 저들인데," 그 살풍경을 보면서 지금부터라도 거리로 나가 좌우명 자랑을 해야겠다고 마음먹었다. '빈 방에 들어가더라도 사람이 있는 듯 행동하라.' '入虛與有人'은 내 좌우명이다.

운수 좋은 날

〈운수 좋은 날〉의 인력거꾼 김 첨지처럼 아침 댓바람부터 손님이 이어졌다. 방송국 청사를 증축했다고 청객, 불청객, 화가, 도예가 선생들이 작품을 들고 축하 방문을 하셨다. 도예가 선생의 도자기를 감상하는 중에 불청객인 무명이 화가 한 분이 들어선다. 머리엔 빙서지를 썼는데 예술가보다는 노동자 행색에 가깝다. 그가 폭포를 그린 산수화 한 점을 내놓는다. 가파른 벼랑과 바위가 낭떠러지를 만들고 그 위로 흰 물줄기가 쏟아진다. 화가의 입성과 그림이 극과 극이다. 지리산 골짜기에서 자란 그는 화가가 꿈이었지만 모진 가난으로 정식 교육을 전혀 받지 못했다고 했다. 어찌어찌 불화와 탱화 그리는 일이 생업이 되었고 지금도 그 일을 하면서 틈틈이 그림을 그린다고 했다. 힘들게 살아 온 개인사를 듣고서 그림을 다시 살피니 그림이 말을 시작한다. 폭포에서 떨어지는 물살은 곧 화가의 심정이다. 바위절벽 위에서 몰아쳐 내리는 모양이 화폭 바깥으로 달려 나올 기세다. 꿈을 이루려 첩첩산중에서 달려 나왔을 작가의 심정이 뭉쳐있다. 그때 또 한 분의 화백께서 들어오신다. 들고 온 100호가 넘는 두루마리를 펼치니 남파랑 소나무 세 그루가 벌떡 일어선다. 점고라도 하라는 듯 자태를 뽐내며 기생마냥 모델마냥 런웨이(Runway)로 뚜벅뚜벅 걸어 나온다. 햐! 감사할 뿐이다.

모시고 점심을 하러 갔다. 세 분 모두가 한 많은 남도의 예인들이다. 한 분은 가난해서, 한 분은 가난도 하거니와 병약해서 겨우겨우 초등교육만 익힌 분들이다. 소나무 화백께서는 흥도 푸르다. 사업을 한다고 한양에 올랐다가 망해서 야반도주하듯 도망쳤지만 자존심에 고향으론 차마 못 내뺐다고 했다. 부산으로 피신 와서 입에 거미줄 칠 지경에 이르자 언뜻 어린시절 꿈꿨던 그림 그리기가 떠올라 호구지책으로 삼았다. 예술이라 간주하며 그림 장사꾼이 되어버리고 말았다고 자탄했다. 팔기 위해서 그리고, 그리기 위해서 팔고, 양두구육은 아니지만 양두양육도 아니었고. 노력이 하늘에 통했는지 방송에도 나가고 선생도 되고 대가도 되고 그림 값도 오르고 돈도 쌓이고.

그렇게 잘 나가던 어느 날 화백께서는 부산에서 포항으로 친구와 술 한 잔을 하러 갔다. 대궐 같은 요정에 올라 자리를 잡는데 맞은편 병풍이 눈에 확 들어왔다. 아뿔싸! 자신의 매화 8폭 병풍이었다. "기뻤겠습니다." "천만에요, 천만에. 저 못난 놈이 어찌 이

집에 펼쳐졌나." 술을 들이켰지만 맛은 이미 달아나 친구에게 하는 말, "자네 저 병풍 병신 좀 만들어주게." "뭐?" "얼른!" 벼락 치는 큰소리에 친구는 놀라 벌떡 일어났고 양주병을 들고 망나니 칼춤 추듯, 말뚝이 탈춤 추듯 휘청거리다가 술을 병풍에 들이붓고, 급기야는 팔꿈치로 젖은 병풍을 쭉- 찌르니 매화나무가 우지끈 부러졌다고 한다. 마치 제비다리 부러뜨린 놀부마냥 호들갑을 떨면서 마담을 불렀을 것이다. "허, 마담 큰일 났소." "어머 어떡해요. 유명한 선생님 작품인데 어쩌면 좋아요." "훨씬 명작으로 보상할 테니 오늘은 술이나 제일 비싼 걸로 대령하오." 돌아온 화백께서는 붓에 온 영혼을 실어 8폭 병풍을 만들어 보냈다. "그 후 그 집에 가 보셨습니까?" "허, 절대 못 가지. 또 그 매화나무 우지끈 분질러 버릴 텐데 어찌 가오."

그날 나는 도자기 7점, 그림 5점, 글씨 1점을 기증 받았다. 그건 기껏 덤이었다. 그날은 진정한 예술가 정신을 만난 운수 좋은 날이었다. 선생을 배웅한 뒤 나는 중얼거렸다. "아뿔싸! 화백께선 병풍을 망가뜨렸지만 세상 곳곳 뿌려진 내 어설픈 '잡문'은 어찌할꼬"

우리 동네 싸이들

그가 처음 등장했을 때 나는 "싸이코!"라 중얼거렸다. 이름까지 그렇게 지었다 — 싸이(Psy).

지금 그는 역사를 바꾼 자가 되었고 나는 세상의 흐름을 놓친 자가 되었다. 정치만이 세상을 바꾸는 시대가 아니니 싸이 코는 클레오파트라 코보다는 훨씬 높았던 모양이다. 서양인들 얘기론 싸이와 강남스타일은 퍼니(Funny)하기 때문에 성공했다고 한다. 그들이 쓰는 'Funny'에는 '재미'와 함께 '이상한'이라는 의미가 담겨 있다. 그의 말춤도, 뮤비 속 인물들의 행위도 뭔가 이상하고 묘하긴 하다. 아마 인간 박재상의 살아온 행로도 평범하진 않았을 것이다.

내가 만난 그 사내도 좀 'Funny'한 의사였다. 어떤 행사에서 그를 스쳤는데 따라와 명함을 건네며 앞으로 친하게 지내고 싶다고 했다. 묘한 돌직구였지만 내 입장에선 사귀자는 커버구로 해석되었다. 얼마나 한국의 의사선생님 이미지에서 이탈한 말인가. 알고 보니 한국 최고 의대 출신에 이비인후과 분야에서 획기적 수술을 성공시킨 명의(名醫)였다. 신분을 알고 난 후엔 그의 직설적 표현을 내 행색에 호기심이 발동해 '언제 소주 한잔 하자'는 인사치레쯤으로 간주하기로 하고 잊었다(당시 나는 긴 곱슬머리에 콧수염과 턱수염 차림으로 KBS 창원 총국장으로 부임한 직후다).

그런데 보름 뒤 연락이 왔다. 이번에 내 쪽에서 호기심이 발동했고 우리는 여차여차 사귀게 되었다. 한 달에 한 번쯤 그의 병원 1층 이탈리안 식당에서 그의 소집에 모인 중년 사내 다섯은 저녁을 먹고 와인을 마시며 수다를 떨었다. 그의 존재가 갈수록 Funny했던 것은 의사로서 바쁜 중에서도 와인학원을 차려 스스로 강의를 했고, 또 1주일에 3~4권의 책을 읽고는 그것들을 불쑥불쑥 선물을 하곤 했다. 우리가 의기투합했던 부분은 영화다. 그는 한국 현대사에서 가장 비극적 인물을 영화화하고 싶다고 했다. 통치철학, 체제철학을 자신이 만들고 실험을 했지만 실패했음을 깨닫고 그 체제로부터 목숨 걸고 도망쳐 나온 인물—황장엽. 그의 말을 듣고 보니 그러했다. 지금도 우리는 그의 영화를 꿈꾸고 있다.

어느 날 그가 흥분을 해서 전화를 했다. "형님, 이런 싸이코 같은 인간이 있어요. 안 팔릴 책이란 걸 뻔히 알면서 책을 만들었어요. 그 사내의 만용을 보내니 한번 직접 보세요." 책을 받아보니, 이런 제길! 일반책의 2배 크기에 가격도 무려 5만 5000원 짜리다.

300권이 팔리려나 말려나, 책에 미친 이의 짓이 틀림없다. 하지만 내용은 황홀했다. 펼치니 오스트리아 국립도서관, 바티칸 도서관, 옥스퍼드 보들리 도서관, 체코 국립도서관, 뉴욕 공공도서관, 더블린 트리니티 칼리지 도서관, 세상에서 가장 아름다운 도서관들의 알몸이 드러난다. 사진 속 세포같이 박혀 있는 세상 최고의 고색창연한 도서실과 책들이 만들어내는 신성(神聖)한 공기가 내 앞으로 뿜어 나온다. 공기를 들이마시니 서서히 흥분되고 발기되고 화까지 난다. "형님, 이 책을 만든 이에게서 시지프스의 몸부림을 느꼈소." 그는 전화로 말했었다. "이런 싸이코를 누군가 보듬어주어야 세상이 좀더 아름다워질 것 같아요." 독자께서도 꼭 한번 구경하시기를 강추한다. '세상에서 가장 아름다운 도서관'

이 글을 마무리하는데 또 전화가 왔다. "형님, 마일리지 얼마나 있소? 네팔 가는데 동행 하셔." "거긴 왜?" "네팔 남부 헤토다라는 곳에 학교를 짓는데 시각장애인 교실 기공식을 해요. 동행하면 가장 Funny한 사람을 생각해 보는데, 형님 당첨! 단 항공료는 자비부담."

이런 싸이코를 보듬어주면 세상은 더 빨리 아름다워지리라. 그는 자신이 싸이(Psy)와 닮았다는 걸 알랑가 몰라.

김병만의 할아버지

세상엔 사람과 사람이 만들어내는 아름다운 장면이 많다.

그 중 하나가 할아버지와 어린 손자가 함께 골프를 즐기는 모습이다. 운 좋게 시드니 근교에서 그런 장면을 목격했다. 70세 넘게 보이는 할아버지와 예닐곱 살쯤 됨직한 손자가 내 뒤 팀으로 라운딩을 하고 있었다. 정말 아름다운 썸이었다. 공을 치는 중에도 자꾸 내 눈길을 빼앗길 정도로 매력적이라 게임을 끝낸 후 기다렸다. 두 사람은 마지막 홀 아웃을 한 뒤 할아버지의 지시에 따라 클럽을 하나하나 꼼꼼하게 정리한 후 다정하게 손을 잡고 먼지 터는 곳으로 갔다. 그곳에선 어린 손자가 상관이었다. 손자는 할아버지를 허수아비처럼 두 팔을 벌리게 하더니 빙 빙 돌려세우며 센 바람이 나오는 파이프로 할아버지 옷에 묻은 먼지를 열심히 털어드렸다. 간혹 바람을 겨드랑이에 쏘는 바람에 노인은 간지러운 듯 과장되게 몸을 뒤트는 시늉을 했고 손자는 재미있다고 깔깔거렸다. 그런 풍경들이 너무 멋져 다가가서 싱거운 질문을 던졌다.

"두 사람 중 누가 더 잘 치셨어요?"

승패가 그렇게 중요했을까. 역시 노인은 우문에 현답이었다.

"Every grandpa used to be a good teacher."

모든 할아버지는 한 시절엔 손자의 스승이란 뜻이겠다.

한때 한국 골프장에 떠돌던 가담항설 중에 할아버지와 손자에 얽힌 이야기가 있었다. 동네 대중목욕탕에서 할아버지와 다섯 살짜리 손자가 함께 사우나를 하고 있었다. 마침 TV 뉴스 화면에 대통령이 등장했다. 그 순간 손자는 할아버지를 향해 외쳤다고 한다. "할아버지, 저 ×× 나왔어. 딴 데로 돌린다!"

할아버지와 손자가 집에서 TV를 보며 주고받았을 대화가 짐작이 되고도 남는다.

모든 할아버지와 어린 손자는 연인관계다. 더불어 사제지간이다. 다른 글에서도 얘기했듯이 개그맨 김병만의 책을 기획한 바 있는데 달인과 할아버지의 관계도 그랬던 모양이다. 병만의 원고를 읽어보니 어린 시절 할아버지를 따라 들판과 야산으로 염소를 먹이러 다녔다고 한다. 동물 다스리는 법은 대개 할아버지로부터 배운다. 시골 출신은 모두 비슷한 경험을 가지고 있을 것이다. 할아버지는 모든 동물의 대장님이다. 이랴–이랴–워–워– 소리에 소들은 발길을 빨리하기도 하고 제자리에서 풀을 뜯기도 한다. 병만은 염소 키우는 법 외에도 할아버지에게서 배운 것이 더 있었다. 할아버지는 어린 병만을 옆에 앉혀놓고 앞날의 계획을 노트에 차곡 차곡 기록하며 이야기를 들려주었던 모양이다.

"염소 한 쌍을 샀으니 내년엔 10마리가 되고 그게 5년 뒤에는 몇 마리가 될 것이니 우리를 몇 칸 더 널리고……"

할아버지에겐 그런 노트가 엄청나게 많았고 병만도 그런 습관에 영향을 받아 늘 메모하는 버릇을 가지게 된 모양이다. 그는 개그맨이 되기로 결심한 후 사람들을 웃길 소재가 생각날 때마다 할아버지처럼 꼼꼼히 적어 놓았다고 했다. 메모란 참 묘하다. 기록 해놓으면 그냥 있지 않고 살아서 꼼지락거리며 다른 생각을 일으킨다. 메모는 생각을 낳고 생각은 또 다른 메모를 낳는다. 처음엔 겨자씨만한 생각이 구르며 커져서 나중엔 눈덩이같이 큰 아이디어로 발전한다. 달인도 그런 식의 메모를 굴리고 굴려서 만든 개그 아이디어를 무수히 기록해 놓았던 모양이다. 그가 칠전팔기로 개그맨 공채시험에 합격했을 때 아이디어 노트를 죽 훑어본 PD는 소리를 질렀다고 한다. "당장 녹화 뜨자!"

매주 우리가 '개콘'에서 새로운 '달인'을 즐길 수 있는 것은 김병만의 할아버지가 물려준 유산 덕분인지도 모른다. 세상의 모든 할아버지 할머니는 교사이든 반면교사이든 손자들의 선생님인 건 분명하다.

광대의 밥, 예술가의 밥

세상엔 두 부류의 인간이 있다. 음악회에서 함성을 지르는 사람과 지르지 않는 사람. 나로 말하자면 얼마 전까지는 꿔다 놓은 보릿자루는 아니지만 박수만 열심히 치는 관객이었다. 보름 전 그 틀이 깨지는 사건이 발생했다. '김동규'라는 콧수염이 인상적인 성악가가 진행하는 클래식 음악회에서였다.

그날 행사를 주최한 모 금융회사의 초대를 받아 그 은행의 대표 옆자리에 앉게 되었다. 막이 오르자 성악가 김씨가 마치 투우사처럼 수북한 콧수염을 휘날리며 무대에 등장해 유명한 비제의 카르멘 중 〈투우사의 노래(Toreador song)〉를 우렁차게 불렀다. 박수가 쏟아졌다. 그 박수에 힘입어 에디트 피아프가 불러서 히트한 샹송 '나는 아무것도 후회하지 않아요.'(Non, Je Ne Regrette Rien)까지 단숨에 연창했다. 더 많은 박수가 터졌다.

객석의 대부분을 차지한 여성들은 바리톤의 깊고 무거운 소리에

탄복한 듯 손바닥이 아플 정도로 힘차게 박수를 쳤다. '광대에게 박수는 밥이다.' 어느 춤추는 광대가 했던 말이 생각나서 나도 평소처럼 박수를 아끼지 않았다

그런데 이상한 것은 내 옆에 앉은 이였다. 그 축제를 주최한 은행의 수장, 그러니까 은행장 아저씨 말이다. 그는 박수를 치면서 함성까지 질렀다. "브라보!" "브라보!"

은행장은 축제의 호스트로서 공연 시작 전에 아내와 함께 일어나 왕림해 준 관객들에게 정치인처럼 90도 인사를 한 사람이다. 그런 그가 박수를 치고 함성을 지르니 옆에 앉아 있는 내가 괜히 민망해지기 시작했다. 하지만 성악가는 이 환호성 때문인지 더 정중하게 인사했고 더 열정적으로 노래했다. 테너의 화려함과 베이스의 중후함을 모두 가진 그의 목소리는 관객들을 사로잡았다. 노래가 계속될수록 박수 소리는 커져갔고 옆에 앉은 아저씨의 브라보 소리도 함께 커져갔다.

함성을 지르는 이는 오로지 한 사람뿐. 흘깃 주위를 둘러보니 사람들의 시선이 강하게 느껴졌다. 객석 정 중앙에 앉은 주최자가 박수를 치며 함성을 지르니 시선이 모이는 건 당연한 일. 이쯤 되니 나는 좌불안석이 되어 노래를 듣는 중에도 옆자리 아저씨의 심리상태가 자꾸 궁금해지기 시작했다.

왜 이 아저씨는 이렇게 함성을 지르는 걸까. 클래식을 잘 알아서 이러는 걸까. 다른 사람들은 잘 몰라서 박수만 치는 걸까. 근데 모

르면서 박수는 왜 치는 걸까?

이런저런 생각 중에 결론 하나를 내렸다. 이 은행장 아저씨야말로 결례를 하지 않으려고 오버 액팅을 하고 있다는 생각이 불현듯 들었다. 적은 개런티에도 불구하고 공연에 응해준 유명한 성악가가 너무 고마워 함성을 지르고 있는 것이다. 자기라도 이렇게 브라보(bravo)를 외쳐주어야 콧수염 아저씨는 엄청난 개런티를 받은 양 모든 힘과 마음을 바쳐 열창을 하고, 그 열창에 감동한 관객들은 더 크게 박수와 함성을 지르고, 그 열화 같은 반응에 성악가는 더 최선을 다하고, 마침내 멋진 축제가 되어 은행은 고객들에게 최상의 문화적 혜택을 베풀게 된다는 믿음.

그런 믿음으로 은행장은 마치 유치원 학예회에 간 아빠 엄마가 아들과 딸의 어설픈 연기에도 오버의 환호성을 지르는 것처럼 용을 쓰면서 소리소리 지르는 것이다.

어느 순간 공연의 마지막 곡인 듯 〈Time to say goodbye〉가 울려나왔다. 노래가 끝나갈 무렵 은행장 아저씨가 내게 말했다. “일어나 외칩시다!” 나는 당황스러웠다 “제발 일어납시다!” “?” 너무나 애절한 눈길과 사정조로 부탁했다.

앙코르! 브라보! 앙코르! 우리 두 사람을 따라 잠시 후 객석 이곳저곳에서 함성이 들리기 시작했다. 그 환호성 속으로 콧수염을 쓰다듬으며 성악가가 다시 나타났다. 〈푸니쿠니 푸니쿨라〉, 〈Oh. Happy day〉가 관객들의 목소리까지 합쳐져 극장 안에 울려 퍼졌다. 노래가 끝나는 순간 나는 은행장의 부탁도 없이 목청껏 외쳤다. “브라보~! 브라보~!” 박수만 칠 때보다 훨씬 더 즐겁고 더 행복한 밤이었다. 그날 나는 은행장 아저씨의 길라잡이 덕분에 새로운 세상으로 들어갔다.

가을 소풍, 전략을 세우다

하루 나들이는 소풍이고 한 주 나들이는 여행이며 한평생 나들이는 투쟁이다. 삶이 소풍이든 투쟁이든 간에 또 뭔가가 시작되려나 보다. 퇴직, 인생 2막, 은퇴, 백세시대 같은 어휘가 자주 주위에 출몰한다. '人生 60歲부터'라는 말을 들으면 위로보다는 가슴이 답답해지고 마음이 불안해진다. 증세가 심했던지 꿈에 한 남자가 신경안정제를 들고 나타났다.

고교 시절, 공장 다니는 아가씨가 아랫방에 전세를 들었다. 며칠 후 한 사내가 구렁이 담 넘듯 슬그머니 들어와 동거를 시작했다. 식구들은 눈살을 찌푸렸지만 나는 사내가 엄청 부러웠다. 어느 날 그가 물었다. "학생 몇 학년이야" "고 3인데요" "사즉생, 생즉사 알지?" 뜬금없었지만 죽도록 공부하라는 뜻으로 받아들였다. 그는 검지손가락 하나가 없었는데 월남전에서 잃었다고 자랑 투로 말했다. 하지만 구렁이를 어찌 믿겠는가?

"꽁까이라고 알지? 베트콩만 알고 월남 처녀는 모르나. 손가락 하나를 꽁까이 하고 바꿨지. 사즉생, 생즉사야!" 죽고 사는 것보다 정작 내가 궁금한 건 사내와 아가씨가 동거하는 아랫방 밤 풍경이었다. "월남전은 갔을 때 3개월, 오기 전 3개월 동안 가장 많이 죽는다는 얘기 들어봤나? 그게 사실이야. 내가 1년쯤 됐을 때 분대원 12명이 전투를 나갔어. 작전 나갈 땐 허리에 수통을 열 개쯤 빵 둘러서 차지. 물은 생명이야. 정글 물은 독약을 풀어놓아 마시면 즉사거든. 전날 마신 술 탓에 물을 모두 마셔 고참에게 좀 빌려 달랬더니 욕을 하는 거야. 이 새끼야, 차라리 내 목을 달라 그래! 하는 수없이 수통에 오줌을 눠 커피가루를 왕창 털어 넣고 휘휘 저어 마셨지. 기분 더럽더군. 뒤틀린 기분을 달래려 대원들과 떨어져 야자나무 밑에 누웠어. 근데, 반대편 야자나무 큰이파리에 작은 구멍이 뚫렸는데 뭐가 빤짝이는 거야. 베트콩들은 나무 위에 올라 이파리 뒤에 잠복해 있다가 접근해오는 적에게 총을 갈겨. 학생은 어느 놈을 가장 먼저 쏠 것 같아? 총을 겨누고 360도 사주경계하며 죽일 듯 다가오는 놈을 제일 먼저 쏴야지. 고국에서 갓 월남 온 신참내기들은 작전을 나가면 살려고 총부리를 겨누고 눈알 굴리며 다니지. 그런 놈이 위험해. 하지만 6개월, 1년 지나 봐, 에이 인명은 재천! 총 거꾸로 메고 어슬렁어슬렁 하게 돼 있어. 그런 놈은 베트콩이 쏠 필요가 없지. 귀국 3개월 앞두면 꼭 살아서 돌아가야 된다는 일념으로 다시 총 바짝 잡고 생즉생으로 다니지.

그러니 잠복한 베트콩 눈에 신참과 고참이 먼저 들어올 수밖에 없잖아."

사내가 아가씨 방을 침투할 수 있었던 건 대단한 '구라' 때문이라는 생각이 들었다.

"나는 바닥에 던져 놓았던 총을 살짝 끌어와 구멍 뚫린 야자 잎을 향해 무조건 방아쇠를 당겼어. 그 순간 시커먼 물체가 비명과 함께 나무에서 뚝 떨어지더니 정글에 콩 볶는 소리가 한 20분 계속되더라고. 나도 쫓기던 꿩 머리 처박듯 한 채 소리 나는 곳을 향해 무조건 쏘았지. 한참 방아쇠를 당기는데 조용해지더라고. 다들 도망간 거지. 근데 손에 피가 낭자해서 보니 내 검지도 도망간 거야." 사내는 4개뿐인 손가락을 흔들어 보였다. "사령부에 돌아오니 기다리던 헬리콥터가 날 태우고 사이공으로 날아가더군. 그곳에 누가 기다리고 있었는지 알아? 예쁜 꽁까이! 2박 3일 꿈같은 날을 보냈지, 히히." 그는 내 어깨를 툭 치며 다시 외쳤다. "사즉생, 생즉사. 알지?" 구렁이 사내가 들려준 전쟁담 덕분에 나는 '인생 2막' 가을전쟁 전략을 완벽하게 세웠고 깊은 잠에 빠질 수 있었다. '총 거꾸로 메고 어슬렁어슬렁!'

장대높이뛰기 선수의 고독

새해 첫날 이른 아침 스타벅스에 들러 오늘의 커피를 주문했다. 향긋한 커피와 빵 하나가 나오기를 기다리며 창가에 서서 새해를 맞았다. 빌딩 앞 겨울하늘을 배경으로 조형물 하나가 창공을 향해 우뚝 서있다. 햇볕을 받으며 어디론가 비상하려는 몸짓. 강철로 만들어진 새는 자신을 두르고 있는 그 무거운 철갑조차 가볍게 펄럭이며 하늘로 날아오를 것 같은 자태다.

나는 바깥으로 나갔다. 비둘기 몇 마리가 낡은 건물 난간에 앉아 구구거리며 먹이를 쪼고 있다. 위용을 뽐내며 높이 선 그에게 진짜 새들은 가까이 다가갈 용기가 나지 않는 모양이다. 그를 정면으로 마주한 순간 나야말로 도시 속 한 마리 새라는 생각이 들었다.

세월의 풍화 속에 나는 서울의 지붕 밑 이름 모를 새가 됐다. 날갯짓 한 번에 천리를 간다는 전설의 새 대붕에 비할 수야 없겠지만 한 번 날갯짓하면 100리는 못가도 10리는 거뜬히 날던 시절도 있었으리라. 하지만 거친 비바람과 폭풍우를 통과하면서 비약의 속 날개를 스스로 절단하고 자폐의 동굴 속으로 날아들기 시작했으리라. 그리하여 지금은 도시의 지붕 밑 한 구석에 삭을 대로 삭은 자존심으로 둥지를 틀고 양반다리를 한 채 옹생원으로 살아가는 것이다.

참 이상한 일이다. 내 어깨 위에 내려앉기 시작한 이 열패감은 도대체 어디서 온 것일까. 조형물을 만든 작가의 의도는 어깨 처진 도시인들에게 새처럼 더 힘차게 비상하라며, 힘을 북돋워주기 위해서 만들었을 것이다. 나는 다시 조형물을 뚫어지게 응시하며 무쇠를 두드리고 두드렸을 작가의 마음속을 향해 달려갔다.

문득 조선작 선생의 소설 〈장대높이뛰기 선수의 고독〉이 떠올랐다. 옛날 TV문학관을 만들기 위해 몸부림치던 시절, 나는 제목의 황홀함에 반해 그 작품을 드라마로 만들어 보려 했었다. 우둔했던 나는 소설책을 부여잡고 허둥지둥만 했을 뿐 작품과 제목이 품었던 주제를 구현해낼 창의력도 재주도 갖추지 못하고 있었다.

매일 장대를 메고 세상에 나가 온갖 부조리와 모순의 장애물을 뛰어넘어야 하는 소시민들의 고민과 고뇌와 고독을 눈 뜨고도 못 보는 풋내기 청맹과니 드라마 감독이었던 것이다.

나는 러시아의 장대높이뛰기 선수 이신바예바의 질주와 공중 도약을 보면서 그녀의 육체가 만드는 화려한 금빛 비상과 관중의 갈

채와 그 승리의 쾌감만을 생각했었다. 그녀의 외모에 초점을 맞춘 세상 언론들이 만들어낸 '미녀새'란 별칭에만 야릇한 성적 눈길을 보내고 마는 속물이었다.

장대를 힘껏 차고나가 허공의 정상에 다다랐을 때 느끼는 환희 못지않게 그 찰나를 위해 그녀가 마주쳤을 천 겹 고독의 두께를 왜 생각하지 못했던 것일까. 그 페이소스만 조금 더 일찍 알았더라면 나는 멋진 드라마 한 편을 세상에 내놓았을 것이다.

2014년 새해 아침, 우연히 본 조형물 앞에서 이 세상 비약과 비상이 품은 의미를 만났다. 모든 이가 휴식하는 1월 1일, 거리엔 자신의 장대를 짊어지고 높이뛰기를 위해 길을 나선 이들의 모습이 보이기 시작했다. 삶 안에 있는 우리 모두는 장대높이뛰기 선수들이다. 2014년 새해, 세상으로 장대높이뛰기를 위해 나서는 모든 이에게 파이팅!

맬더스와 한정식

중학교 1학년 때 우연히 맬더스의 인구론을 듣던 날 인류의 앞날이 걱정돼 밤잠을 설쳤다. '식량은 산술급수적으로 늘어나는데 인구는 기하급수적으로 늘어난다. 머지않은 장래에 인류는 재앙을 맞을 것이다.'

그 시절엔 집집마다 5형제, 6형제는 보통이었고 곳곳에서 인구폭발이 목도되던 시대였다. 그날 저녁 할아버지 할머니 아버지 어머니 그리고 다섯 동생들과 저녁밥을 먹는 중에 갑자기 '인구론'이 떠올랐다. 기하급수적으로 계산해보니 내 6형제의 자식들은 36명이 될 것이고 또 그들의 자식들은 216명이 될 것이다. 그날 밤 잠자리에 누워 중얼거렸다. "아, 인류를 어떡하지?" 창졸간에 박애주의자가 된 내 옆에는 다섯 동생이 세상모르고 자고 있었다.

돌이켜보니 걱정이 유별났던 이유는 내 자신이 유달리 음식에 민감한 체질이었기 때문이다. 나는 입이 짧았고 음식투정이 심했다. 이 음식 저 음식 종류와 맛에 까다로운 장손이었다. 지금도 남들 앞에 큰소리 칠 수 있는 두 품목이 있는데 추어탕과 보신탕은 소믈리에 쯤 된다.

여름철이면 할머니는 입 짧은 손자를 위해 황구 한 마리를 삶아 고방에 걸어놓고 삼시세끼 개장국을 끓였다. 손으로 쭉쭉 찢은 살코기들은 고사리, 토란줄기와 섞여 고기인지 채소인지 구분이 안 되는 절묘한 요리로 탄생했다. 가을이면 벼 베기를 마친 논에서 할머니 손으로 직접 잡은 미꾸라지가 얼갈이배추, 무청, 숙주나물과 만나 추어탕으로 태어났다. 그런 조기학습 덕분에 나는 요즘도 보신탕과 추어탕의 맛보기 심사위원 역을 종종 맡는다.

추어탕과 보신탕은 반찬이 거의 필요 없는 요리다. 오히려 반찬이 많으면 진짜 맛을 즐기는데 방해된다. 훌륭한 요리란 보좌하는 반찬 없이 그 홀로 우리의 구미를 충족시키는 음식이라 생각한다. 마치 진정한 스타는 조연배우의 큰 도움 없이 스스로 빛을 발하는 것과 같은 이치다. 한국요리의 자랑은 한 가지 재료로 명료한 한 끼 식사를 만들어내는 점일 텐데 삼계탕, 보신탕, 추어탕이 그런 명품이다.(노파심에서 말하자면 추어탕에 넣는 양념을 많은 사람들이 '산초'가루로 잘못 알고 있는데 사실은 '제피'가루다. 산초는 열매의 기름을 짜 먹는 약용식물이고 제피 혹은 초피나무는 열매를 가루로 내어 향신료로 쓰는 식용식물이다. 한국최고의 향신료는 내 생각엔 제피가루다.)

내가 가장 불만인 한국요리는 '한정식'이라 불리는 요리상이다. 한정식은 반찬 수에 따라 5첩, 7첩, 9첩 반상이라 칭하는데 왕의 수라상은 12첩 반상을 원칙으로 했다고 한다. 요즘 한정식 집에 가보면 대개가 12첩을 넘어 14첩, 16첩 심지어는 45첩까지 있다고 한다. 종류도 너무 지나치고 양도 과하다. 한 끼 식사로 비빔밥 한 그릇이면 족한데 비빔밥 열 그릇 양을 내놓으며 먹으라는 품새다. 한 음식평론가는 한정식이란 '다 먹을 수 없게 차린 음식상'이라고 비아냥대는 정의를 내렸을 정도다.

한정식을 다 먹을 수 없게 차리는 까닭은 대접용이 아니라 접대용 상차림이라서 그렇다. 또 들어가는 비용도 대개는 개인 돈이 아니라 공금일 경우가 많다. 이런 사정을 익히 알고 있는 한정식집 주인들은 속칭 이 눈먼 돈을 잡기 위해 계속 반찬의 첩을 늘린 것이다. 한정식은 어떤 이는 조선시대 때부터 시작된 상차림이라 하고 또 어떤 이는 일제강점기 때 기생 있는 요릿집에서 비롯된 것이라고도 한다. 허영과 허식을 깔고 앉아 기생 끼고 술 마시는 남자들의 주머니를 털기 위해선 화려한 산해진미가 필요했을 것이다.

그저께도 어쩔 수 없이 한정식 집에서 식사를 했다. 별의별 반찬이 상다리가 휘어지게 차려져 맛을 보지 못한 반찬 수가 12가지가 넘을 정도였다. 내 모습을 상상하니 곤룡포 입고, 익선관 쓰고, 옥대하고, 어혜 신고 수라상 받은 임금 꼴이었다. 곱게 한복을 차려입은 여종업원이 인삼뿌리에 꿀까지 발라 대령했지만 배가 터질 것 같아 먹을 수가 없었다. 기하급수적으로 늘어나는 한정식 상차림을 보니 갑자기 맬더스 영감님이 생각났다. 추어탕, 삼계탕, 보신탕 같은 단품 요리야말로 가장 지역적이면서도 가장 세계적인 밥상이다.

별이 된 완벽주의자 — 김흥기

텔런트 故 김흥기

사람들은 궁금해 한다. 탤런트들이 정말 그 많은 대사를 모두 외우는지. 진실을 말하자면 모두 외운다. 외우지 않으면 연기가 불가능하기 때문이다.

물론 예외적으로 커닝을 하는 배우들이 더러 있다. 그 가장 대표적인 인물은 원로배우 H 할머니였다. 그녀는 주위의 모든 소품에 대사를 깨알처럼 써놓는 걸로 명이 난 사람이다. 부채나 그릇 안에 대사를 적어놓기도 하고 심지어는 자신의 옷고름 안쪽에 붙여놓고 요령껏 보면서 연기를 한다.

커닝하는 선배 배우를 만나면 곤욕을 치르는 사람은 함께 작업하는 후배들이다. 연기란 서로 감정을 주고받는 일이며 눈을 마주쳐야 감정이 교환된다. 그런데 커닝하는 사람과 눈을 마주칠 수 있겠는가? 당황해서 NG를 내는 쪽은 늘 후배들이었고 PD에게 혼나는 쪽도 늘 후배들이었다. 물론 장본인이 혼나는 경우도 종종 있다.

방송가에는 대사를 못 외워 늘 포졸역만 했다는 한 탤런트의 얘기가 전설처럼 전해진다. 포졸이야 사또 안전에서 머리를 조아리는게 예의인지라 커닝하기엔 안성맞춤 배역이 포졸이다. 그 사내는 육모방망이 여섯 면에 대사를 깨알같이 써놓고 내려다보며 좔좔 잘도 읊조렸다.

그 바람에 그의 동료들이 고통스러웠다. 육모 방망이를 요리조리 돌리며 대사를 읽는 우스꽝스런 모습에 본인이 할 대사를 잊어버려 NG를 내서 감독에게 혼이 났다.

다른 배역을 맡은 동료들이 대사를 외우느라 골몰하는 동안 그는 연습실 한쪽에서 낮잠만 즐겼다. 어느 날은 심하게 코까지 골자 약이 오른 동료가 슬쩍 방망이를 바꿔놓아 버렸다.

"포졸! 스탠바이 하세요." 조감독 고함에 놀라 자다가 스튜디오로 달려간 사내, 동헌 마당에서 이방, 예방과 함께 서서 서슬 퍼런 원님의 명령을 받잡는데 본인 차례가 되었다.

대사를 하려고 육모방망이를 내려다보니, 아뿔싸! 깨알같이 적어놓은 대사가 한 줄도 없다.

당황한 포졸, 아는 대사라고는 늘 외치는 "아뢰옵기는!" 밖에 없는 터라 계속 소리치는 말이 "아뢰옵기는! 아뢰옵기는!" 그 날 그는 감독에게 혼쭐이 났고, 그 후 그의 별호는 '아뢰옵기 리(Lee)'가 되었다고 한다.

대사 잘 외우기로 명이 난 배우는 지금은 고인이 된 김흥기 선생이다. 그는 암기력도 출중했지만 연기력도 뛰어나서 사극연기의 대가 중 대가였다. 게다가 선생은 완벽주의자라서 그 많은 비생활적인 사극 대사도 토씨 하나를 틀리지 않고 외우는 배우였다.

그의 탁월한 암기력은 많은 배우들의 부러움 거리였지만 더 많이 부러움을 산 것은 선생의 아들이 KBS 드라마 PD가 되어 함께 일하게 된 일이었다. 탤런트 아버지, PD 아들 커플이 탄생하자 주위 사람들은 아들이 감독하고 아버지가 주연하는 드라마가 탄생할 날을 학수고대하고 소망했다. 하지만 역사의 기록이 될 그 일은 이루어지지 못했다. 아들이 감독으로 데뷔하기도 전에 선생은 연극을 하다가 무대에서 쓰러져 식물인간으로 5년을 누워계시다 타계했다.

그의 죽음이 유난히 가슴 아픈 것은 그의 소망, 아들 작품에 출연해서 열연하는 일을 끝내 이루지 못한 점이다. 아들의 작품에 출연을 했더라면 그가 쏟아냈을 그 열렬한 명연기의 모습이 눈에 선하다.

비록 그는 떠났지만 남아있는 드라마장이들은 그의 정신을 기억한다. 배우로서 그가 보여주었던 완벽주의 그리고 뜨거운 예술혼!

김을동에서 채시라까지

2009년 1월 벽두, 국회가 FTA와 방송통신법 때문에 일촉즉발 여야(與野) 대치상태에 있을 때 김을동 의원은 전화를 받았다고 한다. 아들 송일국이 '바람의 나라'를 촬영하다 말이 미끄러지는 바람에 낙마해 급히 병원으로 실려 갔다는 내용이었다.

김 의원은 점심을 들다 말고 촬영 현장 전라남도 나주로 달려갔다. 신혼임에도 촬영 때문에 새색시와 떨어져 있어야 하는 아들이었기에 늘 며느리에게 미안하던 시어머니로선 가슴이 더 철렁 내려앉는 소식이었을 것이다. 나주로 달려가는 김 의원의 마음은 어떠했을까? 웬만한 일엔 눈썹도 까닥 않는 여장부였지만 그 순간은 국회의원도 탤런트도 아닌 오로지 안절부절 못하는 엄마였을 것이다. 세상 사람들에겐 화려한 스타로 보이는 유명 엄마 탤런트들, 그들의 생활을 옆에서 지켜보노라면 본업은 역시 '엄마'다.

'천추태후' 역을 한 채시라 씨도 마찬가지다. 금빛 찬란한 투구와 갑옷을 입고 창과 칼을 휘두르는 그녀. 언뜻 보면 세상 어느 여자와도 다른, 우아한 공주며 여왕으로 보일 것이다. 하지만 그렇지 않았다. 천추태후 촬영지인 단양에서 채시라씨를 만나 이런 저런 얘기를 나누었다. 그녀는 배역을 맡은 5개월 전부터 전문가로부터 무술훈련을 받았다. 5kg이 넘는 갑옷을 입고 말을 타야 했기 때문이다. 말만 타는 게 아니다. 달리는 말 위에서 거란의 장수를 향해 필살의 화살을 쏘아야만 한다.

촬영은 엄동설한에 밤낮으로 진행된다. 드라마 촬영이 아니라 전쟁 그 자체다. 하지만 공주역을 끝내자마자 곧장 엄마역을 맡는다. 한밤중 2시, 3시에도 그녀는 단양에서 서울로 달렸다고 했다. 돌쟁이 둘째 아이에게 자신의 젖을 물리기 위해서다. 지쳐 파김치가 된 몸을 가누며 수백 리 밤길을 분장도 지우지 못한 채 달려와 아기에게 젖을 물렸다. '태후마마'도 젖먹이 아이 앞에서는 잠과 피부와 몸매를 초월한 오로지 어미일 뿐인 것이다. 날이 밝자마자 또 촬영장으로 달려가야 한다. 백여 명의 배우들과 제작진이 자신의 아기처럼 주인공을 기다리고 있다.

무명 배우의 가슴 시린 모성도 있다. 한밤중 혼자 밤샘 작업을 하고 있는 넓은 사무실에 그녀가 아이를 데리고 나타났다. 한때는 제법 잘 나가다가 결혼을 한 후 15년 만에 컴백한 이름이 잊힌 탤런트였다. 지켜보니 도둑고양이처럼 PD들의 책상 사이사이를 오가며 뭔가를 돌리고 있다. 9살은 됨직한 사내아이도 반대편 책상을 돌며 똑같은 행동을 한다. 잠시 후 내 존재를 발견한 그녀는 무안한 표정을 짓더니 아이를 데리고 얼른 사무실을 빠져나갔다.

그들이 서성댄 곳으로 가보니 PD들의 책상 위엔 빤작 종이로 싼 초콜릿과 껌 몇 개가 든 작은 봉지가 놓여 있고 그녀의 사진과 전화 번호가 적힌 명함이 붙어 있다.

자신의 컴백을 홍보하기 위해 한밤중에 나타난 무명의 엄마 탤런트. 그녀는 어린 자식에게도 뭔가를 느끼고 배우게 하고 싶었던 모양이다. 그녀의 그런 모성 또한 빤작 봉지만큼 빛나는 것 아닐까? 껌과 초콜릿이 든 종이 봉지는 그 후에도 PD들의 책상 위에서 종종 발견되었다.

3장

여의도에서 SOS를 외치다

나는 애국가를 크게 부른다!

혹시 국경일 기념식장에서 내 옆자리에 서면 주의를 당부 드린다. 이상한 버릇이 있기 때문이다. 언제부터인지 모르지만 나는 애국가를 크게 부르는 습관이 있다. 애국가 제창이란 문자 그대로 많은 사람의 합창이니 옆사람이 입만 벙긋벙긋할 것으로 생각했다가 갑자기 테너 박인수 교수 같은 목소리가 옆에서 터져 나오면 당황하는 사람이 많다. 어떤 이는 본인이 약간 부끄러워지기까지 하는 모양이다.

곰곰이 생각해보니 이런 버릇은 수년 전 재일동포 3세 젊은이와 며칠을 보낸 후에 시작됐다. 그는 초·중·고교 모두 조총련학교를 졸업한 사내인데 조부와 부친이 조총련 간부였다고 했다. 약간의 경계심은 생겼지만 참 유쾌하고 멋진 친구였다. 며칠 후 도진 궁금증을 참지 못하고 넌지시 북한에 대해 어떻게 생각하느냐고 물어보았다. "지구상에서 가장 웃기는 코미디가 벌어지고 있는 곳이 어디냐?"고 내게 되물었다. 그 친구 자신도 코미디 하나를 연출했는데, 사내의 휴대폰에 전화가 오면 난데없는 음악 하나가 터져 나왔다. 애국가였다! 골수 조총련 후예의 전화기에서 동해물과 백두산이~ 애국가가 울려 퍼지니 얼마나 드라마틱한 코미디인가.

그 후 나는 드라마를 만들면서 그 친구의 코미디를 베껴 먹었다. 마침 TV문학관 등장인물 중에 험상궂은 조폭 두목이 있었다. 나는 사내의 휴대폰에 애국가를 장착했다. 전화기가 울리면 '동해물과 백두산'이 울려 퍼졌고 사내는 검은 양복 입은 동생들이 죽 늘어선 가운데 숙연한 모습으로 전화를 받았다. 감독인 내 의도는 조폭에게도 조국에 대한 지순한 사랑이 있을 수 있다는 소망과 희망을 담고 싶었다. 생각해보니 내 애국가를 크게 부르는 버릇 밑바닥엔 묘한 자격지심이랄까 속죄의식 같은 게 깔려 있는 것 같다. 평소엔 애국심이 전혀 없지만 국가(國歌)를 부를 때만이라도 국민된 도리로서 온 허파에 애국심을 불어넣어 노래를 불러주자!

드라마 감독인 나는 사실 애국할 일이 별반 없는 사람이다. 존경하옵는 국회의원님도 아니고 장관님도 아니며 판사, 검사, 시민단체 우두머리도 아니다보니 국사를 논할 일도 없거니와 나라를 걱정할 기회도 없다. 그러니 애국가 제창 때만이라도 진심으로 하느님께 '동해물과 백두산이 마르고 닳도록 하느님이 보우하사'를 애원하는 것이다. 노래란 혼(魂)을 담아 크게 불러야 그 뜻도 커지는 모양이다. 돌이켜보면 혼을 불어넣어 큰소리로 불렀던 노래는 교가

(校歌)였다. 고교 시절 라이벌 학교와의 운동경기에서 이겼을 때나 졌을 때 얼마나 소리 높여 교가를 불렀나. 그 힘찬 노랫소리와 함께 애교심도 친구들과의 우정도 영글어 가지 않았나.

어쨌든 내 버릇은 앞으로도 좀 더 심해질 것 같다. 국민 중에 공공연히 애국가를 부르지 않겠다는 이들이 속출하는 마당이니 나만이라도 더 크게 불러야 그 공허를 채우지 않겠는가. 혹시 국경일이든 또 다른 장소에서든 옆에서 '동해물과 백두산'을 크게 부르더라도 삼가 깊은 이해를 부탁드린다.

옷은 옷이 아니다

배우가 입는 옷은 옷이 아니다. 드라마에서는 옷을 의상(衣裳)이라 부른다. 의상은 위상(位相)과 의미(意味)를 표현하는 수단이다. 등장인물의 성격과 인상과 풍모와 지위를 표현하는 데 옷만큼 효과적인 처방은 없다. 곤룡포를 입으면 왕이 되고 누더기를 입으면 거지가 되는 법이다. '한량(閑良)'을 만들어내는 의상 레시피도 있다. '돈 잘 쓰고 놀기 좋아하는' 사내를 칭하는 한량은 광복전후의 시대극에는 약방에 감초처럼 등장한다. 한량에 캐스팅된 배우는 우선은 남대문시장으로 달려가야 한다. 대사 외우기는 뒤로 해도 좋다. 배역을 멋지게 살려내려면 '백 바지와 백 구두'가 필수품이고 남대문에서 그럴 듯한 백 바지와 백 구두를 구했다면 배역을 완성하는데 얼추 70~80%는 성공한 셈이다. 거기에 멋진 중절모를 더하면 금상첨화에 화룡점정. 이 의상을 걸치고 대사를 외면 더 잘 외어지게 되어있다.

의복이 드라마에만 중요한 건 아니다. 실생활에서도 옷은 사람의 겉모양을 넘어 마음까지 만들어낸다. 갓 결혼한 신혼부부가 페어룩을 입는 것은 일심동체가 되겠다는 화합의 결심을 옷으로 선언하는 것이다. 장례식장의 상복(喪服)도 사랑하는 이를 떠나보낸 애절한 마음의 상징적 표현이다. 의복 의존도가 높은 사람 중엔 맘에 안 드는 옷을 입은 채 출근한 날은 일이 손에 잡히질 않아 다시 집에 가서 옷을 다시 입고 오는 사람도 있을 정도다.

옷은 집단의 심리에도 영향을 미친다. 똑같은 색과 똑같은 디자인의 교복을 입고 공부한 고교동창의 우정과 자유복으로 연을 맺은 대학동창 간의 우정엔 뭔가 좀 맛 차이가 크다. 군복도 마찬가지다. 통일된 복장을 착용한 군인들에겐 섬뜩한 전투력이 느껴지는 반면, 백인백색 차림으로 모인 무리는 숫자에 상관없이 결국은 오합지졸, 어중이떠중이라 불린다. 파업하고 투쟁하는 데모꾼들이 필사적으로 유니폼을 입고 빨간 머리띠를 두르는 것도 옷이 만들어 내는 강력한 힘을 믿는 바 크기 때문 아닌가.

물론 획일성은 문제를 일으킨다. 모든 사원에게 똑같은 유니폼을 입히고 통일성을 강요하면 일시적으론 생산성이 높아질지 모르지만 결국은 파쇼적 기업 문화를 유발하고 창의력을 말살시킬 게 분명하다. 다양성과 개성의 효력이 이미 입증된 현대에 전사원을 한 복장으로 통일시키거나 계층적 느낌을 풍기는 작업복을 강제하는 일은 시대착오적, 퇴행적인 인간 경영이다.

하지만 부서나 팀마다 그 파트의 일과 특성에 맞는 개성 있는 유니폼을 계기적으로 입히면 팀워크를 강화하는 효과가 있을 것 같다. 가령 이런 장면은 퍽 인상적이다. 세계의 대표적 우주개발기관인 미 항공우주국(NASA)이 우주선 프로젝트나 통신위성을 성공적으로 띄운 후 우주과학자들이 기자회견을 할 때 나는 그들이 입은 옷을 유심히 관찰한다. 그들은 항상 멋진 유니폼을 입고 있었다. 세계 최고의 과학자와 석학들도 일을 할 때는 단합과 단결이 중요하다는 증거이며 그 힘을 불러일으키는 데 옷이 크게 기여한다는 방증이다.

독자 중엔 최고경영자(CEO)도 있을 것인 즉 옷이 생산에 미치는 영향을 한 번쯤 임상실험이라도 하면 좋겠다. 멋진 디자인의 유니폼을 팀별로 입혀서 멋진 단합이 이뤄지고 회사 흑자가 더 커진다면 험상궂은 데모복장으로 파업하는 일이 줄어들 수도 있는 것이다. 생각해 보니 남에게만 권할 일이 아니다. 단합이 절대적으로 필요한 분야가 다양한 장르의 제작진이 모인 드라마 로케 현장이다. 올 가을 새로 시작할 대하드라마 팀에는 멋진 유니폼을 입혀 볼까?

달인, 태우지 말고 그슬려라

갑작스럽게 지역으로 이사를 왔다. 함께 생활하게 될 동료들과 나눌 이야기(소위 취임사)를 준비하는데 끙끙거려도 감이 오질 않는다. 하고 싶은 말은 명료했다. '개인도 행복하고 조직도 발전하는 그런 직장문화를 만들어 보자' 엉뚱하게도 실마리는 '달인' 김병만이 풀어주었다. 마침 그의 책을 기획하던 중이라 개그콘서트 '달인' 코너를 열심히 봤더니 놀랍게도 그 속에 동료들에게 하고 싶은 말이 고스란히 담겨 있다. 웃으며 봤던 코미디 속에 직장생활의 금과 옥조가 알알이 박혀있었던 것이다.

대부분의 코미디나 개그에는 웃음을 만들어내는 공식이 있다. ①남을 모방하거나 ②과장된 언어와 몸짓을 하거나 ③상황반전을 시키거나 ④폭로를 해서 사람들을 웃긴다. 물론 김병만의 코미디에도 그런 요소가 숨어 있다. 하지만 그의 개그에서 가장 중요한 요소는 무엇인가. 그것은 바로 노력이다. 그것은 바로 성실이다. 사실 김병만은 달인이 아니다. 그가 진짜 달인이라서 사람들이 웃고 감동하는 건 아니다. 사람들은 그의 노력에 웃는다. 사람들은 그의 성실에 감동한다. 재주는 넘치면 화를 부르지만 성실은 아무리 과해도 넘치지 않는 최고의 재주다. 30년 조직생활을 해보니 성실과 노력이야말로 가장 값나가는 상품이었다.

일찍이 한국 코미디사에 노력과 성실이란 덕목으로 사람을 웃긴 배우는 없었다. 세계적으로도 흔치 않은 일이다. 굳이 예를 든다면 무성영화 시대의 천재 찰리 채플린이 있고 목숨을 건 무모한 몸 개그로 전 미국을 웃겼던 버스트 키튼이란 배우가 있다. 채플린이야 모두가 잘 알 것이다. 버스트 키튼은 바람에 집을 쓰러지게 만들어 놓은 후에 그 집 앞에 서서 강풍을 일으킨다. 집은 성냥갑 무너지듯 그를 덮치고 원자폭탄 터지듯 먼지가 자욱하게 솟아오른다. 잠시 후 먼지가 걷히면 오징어가 돼 있어야 할 키튼은 멀쩡하다. 창문 쪽에 서 있어서 화를 면할 수 있었다. 미국인들은 그의 목숨을 건 개그에 너무 어이가 없어서 웃었다.

김병만은 딱 그 두 사람의 중간에 서 있다. 어느 정도 무모하고 어느 정도 천재적이다. 나는 개인적으로 김병만을 한국 코미디사(史)의 한 페이지를 장식할 희극배우라 생각한다. 요즘 그가 만들어내는 웃음을 관찰해보면 성실과 노력 외에도 몇 가지 특징을 발견한다. '달인' 코너에는 절묘한 '조화'의 미덕이 들어있다. 아시다시피 등장인물은 세 사람, 숏다리 달인과 뚱뚱보 사회자와 덜 떨어진 제자다. 그러나 그들이 만들어내는 결과물은 절대 솟다리도 아니고 뚱뚱보도 아니며 덜 떨어지지도 않았다. 완전 완벽한 조화를 이루어낸다. 조화는 조직의 시너지를 만들어내는 촉매제며 조직의 건강을 지켜주는 비타민이다. 조화가 깨지면 조직은 병들기 시작한다.

조직에는 갈등이 존재한다. 달인 코너에도 갈등이 있다. 그들은 서로 돕기도 하지만 각을 세우기도 한다. 칭찬하기도 하지만 비난하고 야유하기도 한다. 그러나 갈등은 막장으로 흐르지 않는다. 상대를 비난할 때도 은근하다. 말도 은근하고 몸짓도 은근하다. 다른 개그 코너처럼 극단적 과장과 왜곡이 없어 저질 코미디나 막장 개그로 흐르지 않는다. 우리는 '달인' 코너에서 갈등 푸는 방식을 배울 수 있다. 그들은 셰익스피어 기법을 활용한다.

셰익스피어가 한 명언이 있다. "풍자를 하려면 태우지 말고 그슬려라." 김병만의 개그가 한국의 많은 코미디와 다른 점은 태우지 않고 그슬리고 만다는 점이다. 김병만은 사회자 류담이 무리한 요구를 하면 그의 뚱뚱함을 은근하게 공격한다. 하지만 류담이 정색을 하고 나오면 얼른 꼬리를 내린다. 류담도 마찬가지다. 달인 김병만의 엉터리가 들통이 나더라도 주먹으로 치지 않는다. 대본으로 툭 칠뿐이다. 관객들은 그들의 그 은근함에 웃음보를 터뜨린다.

우리가 속한 조직에도 직종 간, 상하 간, 노·사간 갈등이 일어난다. 그때 달인 코너처럼 상대를 태우지 말고 그슬리면 파국을 피하고 해피엔딩을 만들 수 있지 않을까. 주위를 돌아보면 우리 사회는 막장이 난무한다. 말도 행동도 막장의 비극적 드라마를 만들어가고 있는 것 같다. 태우지 말고 그슬려야 한다. 달인 김병만처럼!

레리킹에게는 뭔가 특별한 것이 있다!

한 가지 일에 50년을 종사했다는 것은 그 자체만으로도 존경받을만한 일이다.

CNN 방송 인터뷰의 달인 Larry King이 그런 일을 해냈다. 타국의 방송인이지만 그는 친근감을 느끼게 하는 인물이다. 맘씨 좋은 이웃 할아버지 같은 외양 때문이기도 하고, 또 멜빵과 뿔테안경으로 단장한 깔끔해 보이는 외모 때문이기도 하다.

친근감만으로 "토크쇼의 황제"라든가 "미국인이 가장 사랑하는 방송인" 같은 최고의 형용어귀를 얻을 수는 없는 법이다. 직업인으로서 어떤 특별한 미덕 같은 것을 가지고 있었을 것이다.

근데 이 70세 중반의 노인에게 정말 뭔가 특별한 것이 있었다.

얼마 전 그의 현재 일터인 CNN에서 그의 방송 50주년을 기념하는 특별프로그램을 만들었다.

알고 보니 그는 고등학교를 나온 사람이었다. 졸업장도 어머니가 교장선생께 사정사정해서 겨우 받았을 정도였다. 아버지가 일찍 돌아가는 바람에 학업에 흥미를 잃었다고 했다.

졸업 후 그가 처음 한 일은 택배회사 UPS의 트럭조수 겸 배달부였다. 그러다가 마이애미에서 방송에 첫발을 내딛게 되었다고 한다. 사회자가 50년 방송인생의 원동력을 묻자 "compelling!"이라고 말했다.

compelling? '저항 못하는 어쩔 수 없는 상황'이라 번역해도 될까?

그는 다섯 살 때부터 야구게임을 중계하는 아나운서 흉내를 냈다고 한다. 그게 자기 프로그램이다 생각하며 라디오를 쳐다보면서 모든 게임을 흉내 냈다고 한다.

이 정도면 방송이 운명이었다고 말할 수 있겠다.

Larry King은 50년 동안 4만여 명과 인터뷰를 했다는데, 최고로 멋진 게스트가 어떤 사람인지 물어보자 네가지 요소를 가진 사람이라고 했다.

1, 정열을 가진 사람

2, 자기가 하는 일을 잘 설명할 줄 아는 사람

3, 약간은 호전적인 사람

4, 유머감각을 가진 사람

이 네가지 요소에 '자기를 망가뜨리는 기질이 있는 사람'이면 더 금상첨화며, 그런 대표적인 인물은 '프랭크 시나트라'였다고 했다.

많은 시청자들이 말하는 〈레리 킹〉 인터뷰 방송의 특징은,

–격의 없고

–편안하고

–편견을 갖지 않는 태도라고 한다.

그의 50년 특별프로에 방송인이라면 새겨들어야 할 대목이 있다.

Larry King은 이렇게 말했다.

"절대로 '이 친구를 보내버리겠어.'라든가, '이 친구를 띄워줘야지.' 하는 생각으로 인터뷰를 하는 적은 없습니다."

"항상 배우려는 태도로 임하고, 질문을 짧게 하려 노력하고, 답변에서는 빠지고, '나'라는 단어 사용은 피합니다."

방송관을 알고 난 후부터 그의 프로를 더 유심히 지켜보게 되었다. 얼마 전엔 한 성형 외과의사가 생방중에 인터뷰를 거절하고 퇴장하는 사고가 있었다.

흑인 래퍼 Kanye West의 엄마를 수술한 이 의사는 다음날 그녀가 사망하는 바람에 화제가 되었다. 그 남자는 방송이 시작되자마자 "환자가족의 요청으로 인터뷰에 응할 수 없게 되었다."며 나가버렸다. Larry King LIVE 사상 처음 일어난 해프닝이라고 한다.

의사가 인터뷰를 거절하고 스튜디오를 나갈 때 레리 킹의 얼굴을 잠깐 볼 수 있었다.

그의 얼굴은 너무나 평온했다. 평상시 인터뷰 때와 전혀 다를 바가 없었다.

만약 '이 친구를 보내버리겠어'라든지, '이 친구를 띄워줘야지' 하는 의도나 편견을 가졌다면 자신도 모르게 비난의 표정이나 제스처를 지었을 것이다. 그는 악수까지 하면서 순순히 보내주었다. 한국엔 상대방을 궁지로 몰아야 인터뷰를 잘한다고 생각하는 방송인이 많다. 잘못된 특권의식과 직업의식으로 목에 힘을 준 고압적 자세로 인터뷰를 하는 사람도 많다. 그런 방송인들의 책상 좌우에 Larry King의 말을 크게 써 부쳐 줄 만하다.

명실상부한 언론천국이 도래했다. 언로는 뚫릴 대로 뚫려서 사통오달을 넘어, 위로는 고가도로, 밑으로는 지하철이 달리는 느낌이다. 오늘도 수백의 '펜'들과 수백의 '카메라'들이 치열하게 취재경쟁을 벌여 국민의 제단 위에 신성한 '진실'과 '사실'을 한껏 바친다.

그런데 참 아이러닉하다. 어떤 신문도 진실을 쫓는 자로 대접 못받고, 어떤 방송도 공정하다는 찬사를 받지 못한다. 불편부당(不偏不黨)의 기치를 하늘높이 펄럭이며 목소리를 높이건만 누구도 '한국에서 가장 사랑받는 언론인'이란 칭호를 받지 못한다.

목소리도 크지 않고, 상대를 궁지로 몰지도 않는 이 노인에게선 왜 아름다운 방송인의 초상화를 발견하는가. Larry King에겐 뭔가 특별한 것이 있다

'페르소나' 를 찾아서

원시시대, 인간은 가면을 쓰고 제단에 올라 신(神)에게 소원을 빌었다. 부족의 번영을 위해 어떤 때는 양의 탈을 쓰고 순한 양처럼 애원하기도 하고 또 어떤 때는 호랑이 탈을 쓰고 협박조로 으르렁대기도 했다. 주로 무당이나 부족의 우두머리가 그 역(役)을 담당했는데 이것이 배우의 탄생 기원이라 전해진다. 이때 무대에서 그들이 썼던 가면을 '페르소나(persona)'라 하고 요즘 연극학에서는 배우가 가진 '외형적 특징'을 일컫는 말로 해석된다.

가령 예를 들면 찰리 채플린이 영화 〈모던 타임스〉에서 콧수염에 중산모를 쓰고 지팡이를 흔들며 다니는 모습은 영원히 잊히지 않을 페르소나다. 검은 선글라스 끼고 짧게 머리를 깎은 레옹의 주인공 장르노도 좋은 예다. 페르소나는 배우에게만 있는 건 아니다. 정치인 중에 자신만의 특이한 페르소나를 만들어서 유명해진 이들이 많다. 쿠바의 카스트로 대통령을 떠올려 보라. 당장 군복과 긴 수염이 생각날 것이다. 그는 군중 앞에 나타날 땐 언제나 군복을 입고 수염을 휘날리며 등장한다. 그가 그런 복장을 한 건 1950년대 부패한 바티스타 독재정권을 무너뜨리기 위해 게릴라 활동을 할 때부터였다. '59년 1월 1일 그는 체 게바라와 함께 독재정권을 축출하고 혁명에 성공한다. 하지만 지금도 그는 여전히 게릴라 복장을 고수하고 있는데, "나는 아직도 인민을 위해 혁명 중이오!" 하고 외치는 몸짓 언어다.

히틀러도 특이한 페르소나를 가진 정치가다. 그의 이름을 들으면 "하일! 히틀러" 하고 손을 쳐드는 게슈타포가 떠오를 것이다. 당시의 독일인들은 히틀러부대의 그 특이한 외형적 제스처에서 카리스마와 포스를 느꼈을 것이다. 처칠도 그런 인물이다. 그는 담배를 피우지 않았지만 늘 시가를 물고 기자들 앞에 나타났다고 한다. 해군제독을 지낸 사나이로서의 강인함을 과시하기 위한 치밀한 전략이었다. 링컨은 자신의 험상궂은 얼굴에 턱수염과 콧수염을 길러 인자한 이웃집 아저씨 같은 페르소나를 만들었고 그 결과 대통령에 당선될 정도의 멋진 이미지를 얻었다고 한다. 역사를 되돌아보면 수많은 지도자가 존재하지만 우리의 뇌리에 강하게 남아 있는 사람은 주로 자기만의 페르소나를 가진 정치인들이다.

기업의 최고경영자(CEO)는 조직의 지도자다. 조직을 성공적으로 이끌기 위해서 탁월한 경영능력과 리더십이 가장 중요 요소일 것이다. 하지만 현대는 능력과 더불어 매력이 요구되는 시대이고 매력적인 CEO가 조직원을 더 효과적으로 이끌 수 있다. CEO는 드라마로 치자면 주인공이다. 주인공이 매력적일 때 드라마의 성공 가능성이 높은 것처럼 최고경영자에게도 나름의 페르소나가 존재할 때 매력적인 지도자가 된다.

그렇다고 콧수염이나 턱수염, 나비 넥타이를 매라는 말은 아니다. 검은 선글라스나 굵은 시가를 입에 무는 것만이 페르소나가 되는 건 아니다. 새해가 되면 멋진 좌우명을 선물하는 CEO. 늘 신간 소설책을 끼고 다니는 CEO. 생일을 맞은 직원에게는 직접 고른 와인을 선물하는 페르소나도 괜찮다. 최신 인터넷 유머나 개그프로 유행어를 젊은 사원들보다 더 먼저 알고 전파하는 CEO, 엘리베이터에서 마주친 젊은 사원들에게 그런 유머로 재치 있게 대화를 거는 모습은 나이를 낮추고 감각을 높이는 멋진 페르소나가 될 것이다.

내가 아는 CEO 한 분은 죽비(竹扉)를 사무실 벽에 걸어놓고 있는데 결재를 하고 보고받을 때 중얼거리며 그 죽비로 자신의 어깻죽지를 '퍽퍽' 친다고 한다. 사원들은 그의 죽비 치는 모습을 보면서 '늘 깨어 있어야 한다!'는 무언의 지시로 해석할 것이다. 그의 별명은 죽비처사다.

CEO만이 페르소나가 필요한 건 아니다. 매력적인 CEO가 되려는 모든 사람, 아니 개성 있게 살아가려는 모든 현대인들에게 페르소나는 필요하다. 글을 쓰는 동안 TV에서 박찬호 선수의 메이저리 그가 벌어지고 있다. 마침 파울볼이 나고 심판이 공을 던져준다. 그는 공을 받자마자 모자를 벗고 심판에게 고개 숙여 인사를 한다. 그 모습에 관중은 박수를 보낸다.

"저게 동양이야. 저게 동양의 예절이야!" 박찬호 선수가 미국에서 히트 친 '페르소나'다.

장혁, 춤추고 있네

드라마 〈추노(推奴)〉는 단연 시중의 화젯거리였다.

그간 역사가 담지 못했던 300년 전 노비사회의 숨은 이야기가 매력적이었다. 더불어 그 시절 기층민중의 문화풍속을 질박하고 옹골차게 우려 낸 것도 종래 사극에서 만나지 못했던 요소일 것이다. 사극을 싫어했던 사람들조차도 〈추노〉에서는 묘한 매력을 발견했고 진화를 봤다고 말했다. 막장시비 속에서도 〈아이리스〉와 〈추노〉에서 보듯 한국 드라마는 더디지만 진화 중이다.

〈추노〉 바람은 방송가에도 강하게 불었다. 강호 무림의 작가·배우·감독들도 그 칼바람 앞에서 모골이 송연해진 모습이다. 우리말을 다루는 작가의 공력, 영상을 디자인하는 감독의 재능, 주·조연 배우들이 뿜어내는 아우라가 그 원천이다.

'국수 잘 빼는 년 수제비도 잘하는 법이여! 꼬리 사리는 강아지는 때리지 않는 법이네. 경주돌이면 다 옥돌인가? 자고로 종기가

크면 고름이 많은 법. 개 풀어 놓는다고 다 호랑이 잡는 거 아니다. 거미줄로 황소 잡으려는 격….'

작가 천성일은 묻혀 있던 우리네 별별 속담을 끄집어내어 마술사가 손에서 비둘기를 날리듯 입에서 장미꽃을 피워내는 마술을 부렸다.

속담만 맛깔나게 요리하는 정도가 아니다. 추노꾼 장혁이 도망간 이다혜를 쫓다가 만난 동자승에게 이다혜의 용모파기를 펼치며 본 적이 있냐고 묻자 동자승은 응대한다. "나무관세음보살, 저희는 본래 여인 보기를 돌같이 하는지라."

여기까지야 보통 작가도 부리는 재주다.

기가 찬 장혁은 동자승을 향해서 그림을 흔들며 윽박지른다. "그럼 이렇게 생긴 돌 봤어, 못 봤어?"

감독이 구사하는 영상언어도 그에 못지 않다. 필설로 형용하기 어려운 것이 그림의 맛, 시청자들은 느꼈을 것이다. 갈대밭에서 벌어진 장혁과 오지호의 칼싸움은 가히 용호상박을 정답처럼 그려낸 장면이 아닐까. 백설기같이 눈 덮인 초가지붕과 담벼락을 날아다니던 왕손이 김지석과 황철웅, 이주혁의 쫓고 쫓기는 장면도 그림 중 그림이다.

'미쳐야 미친다'는 말이 있지만 추노에서 가장 미쳐서 미친 배우는 장혁이다.

저간의 사정을 밝히자면 장혁의 초반 연기는 위험 수준이란 평을 받을 정도로 전달력에 문제가 있었다. 그러나 어느 순간 그의 연기는 그의 복근만큼이나 팽창하기 시작했다. 정확하게 〈추노〉가 시청자들에게 칭찬을 받기 시작했을 무렵부터다.

칭찬은 고래를 춤추게 한다지만 배우는 미치게 만든다. 작가와 감독의 글맛과 그림 맛에 반한 시청자들이 칭찬을 보내기 시작하자 장혁은 범고래처럼 춤을 추기 시작했고 급기야 눈에 광기가 비치기 시작했다. 장혁의 연기를 보고 있노라면 추노꾼 '대길'에 미쳐 있음을 완연하게 느낄 수 있다. 어디 장혁만 그러한가. 그가 미치기 시작하자 오지호와 한정수, 김지석과 성동일, 모든 조연들도 덩달아 전염되기 시작했다. (물론 전염되지 않아 네티즌의 원성을 산 여배우도 있긴 했지만).

칭찬이 배우를 미치게 하는 일은 새삼스러운 게 아니다. 무명에 가까웠던 배우 김명민은 드라마 〈불멸의 이순신〉에서 엄청난 칭찬을 받았다. 그 찬사는 〈베토벤 바이러스〉에서 매력적인 페르소나와 카리스마를 가진 지휘자 '강마에'를 빚어냈고, 영화 〈내사랑 내 곁에〉에서 루게릭병 환자 역을 맡으면서 무려 20㎏을 줄이는 초인적인 예술혼으로 피었고, 대종상과 청룡상의 남우주연상으로 열매를 맺었다.

범고래의 멋진 쇼 뒤에는 조련사의 칭찬이 숨어 있듯 인간 세상도 마찬가지다. 셰익스피어 선생 말씀하셨다. "인생은 연극무대고 우리 모두는 배우다." 내 삶의 동료 배우들에게 칭찬을 쏘자.

한류 — 잡종의 승리

'한류'가 힘차게 불 때마다 떠오르는 단어는 엉뚱하게도 '소림사'와 '사무라이'다. 소림사와 사무라이는 중국과 일본을 상징하는 국가대표 문화자궁이다. 수많은 영화와 드라마를 이곳에서 출산해냈다. 영화 제목에 '소림사'와 '사무라이'만 붙여도 성공을 보장하던 시절이 있었다. 80년대 아시아 영화계를 군림했던 홍콩영화는 대개가 소림사와 쿵푸가 그 바탕이었고 세계 무대에서 이름을 떨친 일본영화도 사무라이와 연관된 작품들이 태반이었다.

지금도 중국인들이 만들어내는 대부분의 영상물엔 소림권법 냄새가 짙게 풍기고 있다. 지금도 일본인들이 만들어내는 대중문화엔 사무라이의 칼빛이 고답적으로 번쩍이고 있다.

하지만 새옹지마랄까 자궁이 함정으로 변했다. 동일한 자궁에서 생산된 수많은 유사제품은 '듣기 좋은 노래도 세 번이면 족하다'는 덫에 걸려 서서히 그 영광을 잃어갔다. 지역적 특수성은 있으되 세계적 보편성이 결여된 반복적 자기복제와 유사복제가 빚어낸 결과다. 한때 세계 구석구석 요란한 총성을 울렸던 할리우드산 서부영화의 몰락도 같은 맥락이다.

한국의 대중문화엔 '자긍'으로 내세울 만한 게 없다. 애석하게도 소림사도 사무라이도 없다. 하지만 그것도 새옹지마였다. 소림사와 사무라이가 그들의 자유로움을 방해한 것과는 반대로 자긍 없음이 한국의 대중예술가들에게는 시공을 초월한 자유로움을 주었다. 우리 드라마를 유심히 관찰한 외국 전문가들은 말한다. 한국 드라마는 잡종(하이브리드·hybrid)이다. 동양과 서양이 교묘하게 결합돼 있고 과거의 전통가치와 미래의 신가치가 절묘하게 혼합돼 있다. 한국 드라마 속에서는 장유의 질서와 식구간의 위계나 형제애 같은 유교 가치와, 개인의 정체성을 추구하며 당당하게 살아가는 서구적 현대인의 멋진 표상을 발견한다.

유교의 종주국인 중국엔 '문화 혁명'으로 인해 유교적 전통이 사라졌고 한 가정, 한 자녀가 의무화되면서 대가족 문화도 없어져 버렸다. 중국에서 〈사랑이 뭐길래〉 〈보고 또 보고〉 같은 가족 드라마가 인기 있는 이유는 우리의 가족 드라마들이 가지고 있는 동양적 가치 때문이다. 동아시아적인 감수성과 서정성이 증발된 일본드라마는 그 자리에 팩트 중심의 드라이한 스토리와 미스터리와 서스펜스가 가미된 암투와 갈등이 들어서며 중장년 층을 한국 드라마에게 넘겨주었다.

한국 드라마에는 서구적 요소도 강하다. 인물들은 강렬하고 사건들은 스피디하게 전개된다. 배우들이 토하는 감정은 강하면서 직설적이다. 영상은 화려하면서도 다이내믹하다. 한국적 특징도 분명하다. 드라마 속 모든 사랑은 언제나 운명적이고 그 운명적 사랑조차도 삼각관계와 선악구조 속에 존재한다. 주인공은 사랑을 위해서라면 자신의 모든 것을 기꺼이 버린다. 삶을 향한 치열함과 인생에서 마주치길 기원하는 꿈이 존재하며 출생의 비밀이 인생을 좌지우지하고 불치의 병이 사랑을 백척간두에 세워 시종여일 시청자에게 극적 긴장감을 제공한다. 한국 드라마의 특징을 굳이 명명한다면 '비빔밥 레시피'랄 수 있다.

잡종교배-하이브리드는 글로벌 시대의 생존원리다. 요즘 최고 인기 있는 종합격투기, UFC와 F-1은 복싱과 레슬링, 가라테와 태권도, 주지스와 킥복싱 같은 전통 스포츠의 잡종이다. 일본 쓰나미 사태 때 망망대해에서 3주간을 버텨내 일본인에게 희망을 준 '게세누마 기적의 개'도 잡종이기에 가능했다고 한다. 금세기 최고의 체육인 타이거 우즈도 마찬가지다. 그의 아버지는 흑인·백인·인디언의 혼혈이며 어머니는 중국인·말레이인의 혼혈이니 지구상 모든 인종의 하이브리드라 할 수 있다.

K팝을 중심으로 유럽에서 불기 시작한 신 한류도 마찬가지다. 한국의 재능 있고 잘 훈련된 미모의 젊은이들과 유럽의 작곡가와 안무가들이 결합해 만들어 낸 작품이다.

잡종예찬이 순종이나 토종의 배제를 의미하는 건 아니다. 순종과 토종이 존재하지 않는 곳엔 잡종도 존재할 수 없다. 하이브리드는 꼭 문화에만 해당되는 것도 아닐 것이다. 정치·경제·과학·기술 모든 분야와 장르에 퓨전과 하이브리드, 잡종과 혼합이 필요할 것이다. 칸트가 말한 '가장 지역적인 것이 가장 세계적이다'는 명제와 더불어 가장 세계적인 것이야말로 가장 세계적이다.

미수다 vs 마피아

KBS에서 방송했던 〈미녀들의 수다(미수다)〉를 보고 있노라면 세상이 변했음을 절감한다. 5천 년 전 곰과 호랑이, 환웅과 단군이 살던 이 땅에 세계 곳곳에서 온 미녀들이 함께 살아가고 있다. 꼭 미녀들만이 아니다. 통계를 보니 결혼 이민자가 20만 명에 가깝고 외국인 노동자가 100만 명을 훨씬 넘어 대충 200만 명의 외국인이 이 땅에 살고 있다.

〈미수다〉는 외국인을 통해서 한국인, 우리들의 자화상을 엿볼 수 있는 시간이고 세계인의 문화를 맛볼 수 있는 공간이다. 이 프로그램을 보면서 만나는 진실은 미녀는 대접을 받는다는 점이다. 국적 때문에 무시당하는 일도 없고 한국말이 서툴다고 업신여김을 받지도 않는다. 하지만 보통의 외국인들은 어떤가. 특히 제3세계에서 온 외국인 노동자들에겐 상황이 너무 다르다. 간혹 외국인 노동자의 가혹행위에 관한 신문 기사를 접할 땐 한국인이라는 사실이 낯 뜨거울 때가 있을 정도다. 중학시절 미국으로 이민 간 지인이 한국을 방문한 후 돌아가서 편지를 보냈다. 언젠가는 한국에도 '마피아'가 출현할 수 있다고 경고하는 내용이었다.

"경부고속도로를 타고 가다 '월남 처녀와 결혼하십시오.'라고 쓴 사인을 본 적이 있다. 농촌의 신생아 셋 중 한 명이 동남아에서 온 엄마와 한국 아빠 사이에서 태어난 혼혈아라는 소식도 들었다. 이번 한국에 갔을 때 눈길을 끈 기사는 농촌 혼혈아들이 겪는 어려움에 대한 얘기였다. '월남 처녀와 결혼하십시오.'라는 사인(현수막)을 처음 본 것이 8~9년 전 일이니 그 때 태어난 아이들이 벌써 초등학생이 되었을 것이다. 그런데 교육을 많이 못 받은 아버지와 시집은 왔으나 우리말과 글을 몰라 언어소통이 어려운 어머니 슬하에서 크는 자녀들은 학과공부에 여러 가지 문제가 발생한다는 것이다. 그러다 보니 학교생활에 적응을 못해 왕따를 당하거나 친구들한테 구타까지 당한다고 했다."

그는 이제 한국도 다문화사회에서 일어날 여러 문제들을 빨리 파악하고 대책을 세워야 한다고 했다. 그가 덧붙인 말은 마피아 탄생의 역사였다.

"미국에 처음 정착한 사람들은 앵글로 색슨 계통이다. 뒤늦게 이민 온 이탈리아계는 이민 역사가 긴 그들에게 밀려 차별과 고통을 많이 받았다. 마피아가 탄생한 이유 중 하나가 이런 민족차별이라는 설이 있다. 일제강점기에 강제 징용된 한국인 후예들도 천대를 받다가 많은 사람이 야쿠 조직에 몸담게 됐다는 말을 어려서부터 들었다. 1975년 월남전이 끝난 후 많은 이들이 목숨을 구하려 미국으로 건너왔으나 정착은 쉽지 않았다. 베트남계가 미국 내 아시안 갱 중에서 가장 무서운 조직이 된 것은 우연한 일이 아니다."

"인간은 박해를 받으면 본능적으로 항거한다. 개인으로 불가하면 조직을 만들어 저항한다. 고액 과외를 받은 사람도, 유학파도 좋은 취직자리를 구하기 힘든 게 한국사회의 현실이다. 열악한 환경과 차별 속에서 자란 다문화 가정 자녀들의 마음속에 어떤 생각이 싹틀지 상상해 볼 일이다. 우리 사회가 이들을 받아줄 장치를 만들지 않으면 그들은 아마 물불 안 가리는 청소년이 될 수도 있고 마피아나 야쿠자, 베트남 갱보다도 더 무서운 조직을 만드는 날이 올 수도 있다. 농촌에서 자라는 다문화 가정 자녀들도 이젠 한국의 후예이며 그들의 희망이 바로 한국의 희망이라는 점을 인식했으면 좋겠다."

편지를 읽고 단군신화에서 동굴을 뛰쳐나간 호랑이 심정을 처음으로 생각해 보았다. 우리는 마늘을 먹고 인간 환생에 성공한 우리 선조, 곰에 대해서만 늘 이야기 해왔다. 고통을 참지 못하고 뛰쳐나가 배회하는 상처받은 호랑이의 앞날은 걱정하지 않았다. 세계화란 곰과 더불어 호랑이를 배려하는 시각 아닐까. 새로운 신화가 쓰여야 하는 시대다.

옷은 '스위트 홈'이다

카메라를 든 청년이 점심 먹으러 가는 길 앞을 막아섰다. 근처 쇼핑몰 '패션쇼'에 일반인 패션도 인기투표를 해서 1등에겐 후한 상금을 준다고 꼬였다. 함께 가던 친구가 등을 떠밀어 포즈를 취했고 며칠 후에 핸드폰으로 놀라운 문자가 왔다.

"〈패션스타를 찾아라!〉 이벤트에서 인기투표 1위를 하셨습니다."

나는 어린 시절부터 까닭 없이 옷을 좋아했다. 춘하추동 교복으로 살던 시절인데도 옷은 영어 수학처럼 내 머리를 끙끙대게 하는 중요 과목이었다. 학창시절을 벗어나 사회에 입문하면서 옷차림새는 더 어려운 학문이 되었다. 마음에 안 드는 복장으로 출근한 날엔 일이 손에 잡히질 않았고 사람을 처음 미팅하게 될 땐 전날부터 옷 때문에 고민이었다. 배우와 생활하는 직업 탓이라 할지 모르지만 배우로부터도 배우보다 더 의상에 신경 쓰는 감독이란 말을 들어야 했다. 하지만 브랜드의 노예 명품족은 아니다. 남이 입던 옷이라도 마음에 들면 얻어서 애지중지 입고 다녔고, 지금도 내 옷장 속엔 그런 옷이 살아있다.

나는 와이셔츠를 맨 정장차림보다는 흰색 폴라 T셔츠 차림을 더 좋아한다. 지금처럼 초겨울에는 하얀 T셔츠를 입고 그 위에 검은 폴라 T를 겹쳐 입는데 어찌 보면 '로만 칼라'가 되어버린다. 언젠가 그런 차림으로 가톨릭 병원에 건강검진을 간 적이 있는데 복도 멀리 파파 수녀님께서 신부로 착각하고 손을 흔드셨다. 얼마나 멋진 미소와 사랑의 눈길로 힘차게 손을 흔드시던지 옷의 위력을 절감한 날이었다. 그날 이후로 나는 겨울철이면 짝퉁 로만 칼라를 입고 다니길 더 좋아하게 되었는데 그런 날은 수도승이라도 된 듯 내 마음 속 탐욕을 꾸짖고 꾸짖는다.

주위를 보면 1년 내내 청바지만 입고 살아가는 사람이 있다. 한국은 아파트 공화국이기도 하지만 청바지 공화국이라 불러도 될 정도다. 도시나 시골에 펼쳐진 아파트만큼이나 곳곳이 청바지 입은 무리들인데 결혼식과 장례식까지 출몰한다. 편하기로 말하자면 최상일 테지만 춘하추동 같은 옷만 입고 산다면 수십 년 군복 입는 군인이나 경찰과 다를 바 없고 생각과 행동에도 영향을 미칠 것이다. 아담과 이브가 에덴동산에서 쫓겨난 후로 옷은 나뭇잎에서 발전과 진화를 거듭했다. 직업과 계급, 격식과 예의가 옷 속에 들어있고, 생각과 행동거지, 인격과 비천이 옷에서 나오고 요즘엔 의상 테라피까지 생겼을 정도다. 나폴레옹도 말했다— '사람은 그

가 입은 의복대로의 인간이 된다.'

내게 있어서 옷은 집이다. 자신의 집이 아무리 화려한 저택일지라도 대문을 나와 거리에 서는 순간 그의 옷이야말로 그의 집이다. 집이 몸과 마음의 안식처이듯 옷도 몸과 마음의 안식처다. 내 옷장엔 핫바지에서부터 가죽바지까지, 판탈롱스타일에서 스키니스타일까지 가지각색의 옷들이 들어 있는데 옷 한 벌 한 벌을 집이라 생각하는 나로선 여러 종류의 집을 가진 사람이다. 누구나 언덕 위의 파란 집과 성 속 궁전과 펜트하우스에서 살아보고 싶고 에스키모인의 이글루와 몽골인의 겔에서 낭만적인 하룻밤을 보내고 싶을 것이다. 그 화려한 욕망을 나는 옷으로 해소한다. 인디언 복장에서부터 스코틀랜드의 킬트(Kilt), 인도인의 전통의상 쿠르타(Kurta)까지 이런 저런 옷을 입고 싶은 욕망! 내일 나는 가죽바지를 입고 출근할 것이다, 내게 옷은 Home, Sweet Home이다.

히치하이킹! 히치콕

나는 빈손으로 세상에 나서는 걸 두려워하는 인간형이다. 그래선지 출퇴근길엔 꼭 가방을 챙겨들고 다닌다. 오른쪽 옆구리에서 늘 나를 수행하는 녀석은 명품의 대명사 '루이 비통'인데 기실은 짝퉁이다. 누군가 집 앞 공터에 버려 놓은 것을 너무 멀쩡해 챙겨서 가지고 다니기 시작했다. 하지만 짝퉁 속에 든 것은 진품이다. 시집이나 소설책 혹은 영화 DVD가 들어 있다. 이런 인문학적 소품을 지니고 다녀보니 마음이 평안해지고 일종의 호신부 같은 느낌이 든다. 문학과 예술은 나약한 인간을 위한 부적 역할도 하는 모양이다.

최근 우리 사회에 인문학 열풍이 분다고 한다. 다시 인간의 본질이나 근본에서 시작하자는 의미일 텐데, 지금 우리가 탐닉하는 물질중심주의, 효능만능주의로는 인류의 참 행복을 위한 창조적 지식을 찾기란 어렵다는 뜻일 것이다. 내 일터인 드라마는 인간과 인생에 관한 이야기를 만들어내는 인문학적 동네다. 드라마 속에는 우여곡절의 파란만장한 삶과 그에 응전하는 치열한 인간의 모습이 들어 있다. 하지만 요즘의 한국 드라마엔 삶과 인간보다는 '출생의 비밀과 혈연에 얽힌 비련' '기억 상실과 시한부 생명' '신데렐라 스타일' 같은 호객 장치들이 범람해서 눈살 찌푸리는 이가 많다. 시청률에 목을 맨 극단적 상업주의가 빚어내는 부작용일 것이다.

나는 봄부터 초여름까지 히치콕 감독의 영화 30편을 탐독했다. 알프레드 히치콕은 현대 영화가 요구하는 두 마리 토끼—대중의 오락적 욕구와 예술적 욕구—를 다 잡아 올린 세계 영화사에 금자탑을 세운 영국출신 거장이다.

〈새〉, 〈싸이코〉, 〈이창〉, 〈39계단〉, 〈레베카〉, 〈나는 결백하다〉, 〈다이얼 M을 돌려라〉, 〈열차 안의 이방인〉, 〈북북서로 기수를 돌려라〉 그의 대표작 중 하나인 〈새〉는 애완조류인 새가 일순간에 인간을 공격하는 공포의 대상으로 돌변한다. 다양한 해석이 가능하겠지만 '새'는 우리가 사랑하는 '물질' 혹은 '소유'의 상징일 수도 있고, 그것에 대한 탐닉이 불러올 인간의 재앙을 암시할 수도 있다. 그의 작품 속 주인공들은 보통사람들이며 악인과 선인의 인생이 공존한다. 그들은 일상생활 속에서 예기치 못한 위기를 만나고 그것을 벗어나기 위해 발버둥치는 인간군상이다. 히치콕 영화의 상징인 '서스펜스'나 '스릴러' 같은 연출기법도 감독의 인간에 대한 깊은 탐구에서 비롯되었다.

히치콕 옆자리에 앉아 그의 영화 속으로 달려가니 인문학의 중심 속으로 여행하는 기분이 들었다. 우리 드라마 속에서 사라져가는 문학성과 예술성도 맛보았고, 인간탐구의 소중한 가치를 수혈받는 느낌도 들었다. 만들어야 할 드라마의 표본을 본 듯도 하고 드라마가 나아가야 할 길을 만난 듯도 해서 앞으로도 인문학적 대가들에의 편승여행을 계속할 생각이다.

전공분야를 열심히 공부하다가 짬이 나면 히치콕이나 최인훈, 장이모나 이병주 같은 이들에게 히치하이킹하기를 권하고 싶다. 자기 분야가 아닌 전혀 다른 분야에서 더 큰 깨달음을 얻을 수도 있는 법이다. 뉴턴도 석가도 실험실 아닌 엉뚱한 나무 밑에서 도(道)를 얻지 않았는가. 인문학은 사과나무 혹은 보리수나무 아래 누워서 인간사를 사색하는 일 같기도 하다.

배우는 21세기의 산타클로스다

뮤지컬의 메카 브로드웨이에는 전설이 하나 전해져 내려온다.

시카고 대학에서 법률을 공부하던 여학생이 있었다. 졸업을 앞둔 어느 날, 그녀는 갑자기 배우가 되고 싶은 강한 충동을 느꼈다. 졸업식을 마치자마자 그녀는 보따리를 쌌고 운명처럼 다가온 배우라는 직업을 향해 뉴욕행 밤기차에 몸을 실었다.

브로드웨이에 도착한 그녀는 흥분하지 않을 수 없었다. 거리엔 극장이 즐비하고 유명한 뮤지컬들이 한창 공연 중이었다. 빌딩 곳곳이 매니지먼트 사무실이고 연기학원이며, 눈만 돌리면 '캐스팅 오피스'였다.

"그래! 잘 도망 온 거야. 머지않아 내 꿈이 실현될 거야!"

늘어선 카페에선 잘 생긴 청춘남녀들이 삼삼오오 둘러앉아 연극과 영화로 얘기꽃을 피웠고 그들 중에는 이름난 배우도 있었고 감독도 있었다. 심지어 웨이터나 웨이터리스도 한결같이 잘 생긴 미남 미녀들뿐이었다.

우리의 주인공도 배우가 되기 위한 전략을 세웠다. 맨해튼의 명물 엠파이어스테이트 빌딩을 배경으로 사진을 찍어 예쁜 이력서를 만들고 모든 캐스팅 오피스에 뿌렸다.

물론 시카고 법대를 졸업한 것이며 자기가 멋지게 해낼 수 있는 역할들을 죽 썼다. 그리고 추신까지 달았다. "기회를 주시기만 하면 제작자님이나 감독님을 완전 흡족하게 만들어 드릴 것을 약속합니다."

그녀는 중고 자전거를 사서 매일 아침 캐스팅 오피스를 돌며 배역제의가 왔는지를 확인했다. 그러나 한 달이 가고 두 달이 가도 감감무소식. 애가 탄 그녀는 우선은 먹고살아야 했기에 아르바이트 자리를 구했다. 그때서야 브로드웨이 카페의 웨이터나 웨이트리스들이 모두 자기와 같은 처지의 선배님이라는 걸 눈치챘다.

마침 뉴욕의 법과대학에 조교 자리가 나서 밥벌이는 할 수 있었다. 언젠가는 조교 역할도 해야 할 때가 올 거라 생각하며 열심히 했다. 아르바이트를 하면서도 비가 오나 눈이 오나 하루도 거르지 않고 매일 아침 자전거를 타고 캐스팅 오피스를 돌았다. 배우야말로 자신의 운명이라 생각했기 때문이었다.

40년이 흐른 지금, 브로드웨이엔 아침마다 자전거를 타고 달리는 여자가 있다고 한다. 바로 그녀였다. 달라진 게 있다면 풋풋했던 처녀가 할머니가 되었고, 조교였던 처녀가 교수님으로 바뀌었을 뿐이다. 배우의 꿈을 안고 뉴욕행 밤기차를 탔던 그녀는 이제 '맨해튼의 전설'이 되어 오늘도 브로드웨이를 힘차게 달리고 있다고 한다.

몇 년 전 한 여배우의 안타까운 자살이 우리 사회를 떠들썩하게 만든 적이 있다. 그녀는 배우가 되려 했지만 온갖 수모를 겪고 수렁을 헤매다가 비극적인 자살을 선택해 많은 사람들을 가슴 아프게 했다. 도대체 배우란 태어나는 것인가 만들어지는 것일까? 만들어진다면 누가 만드는 것일까! 신? 대중? 아니면 본인이나 감독?

요즘 수많은 젊은이들이 직업 연예인이 되겠다고 나선다. 현대의 배우와 가수란 꿈과 희망과 희로애락의 선물 보따리를 매고 대중들을 찾아다니는 산타클로스들이다. 그들은 크리스마스뿐만 아니라 1년 365일 내내 웃음과 행복의 선물 보따리를 매고 대중들을 찾아 길을 나선다. 과도한 업무와 치열한 경쟁 속에 살아가는 현대인들에게 연예인이란 그 자체가 피로를 풀어주는 박카스며 즐거움이고 행복함의 근원이기도 하다, 사막을 건너는 낙타와 여행객들에게 오아시스다. 현대의 대중연예인은 한 국가의 중요 문화재산에서 국제문화제로 격상되기까지 했다. 하지만 그들이 가는 길목 길목엔 그들의 영혼을 사려는 메피스토펠레스 무리들이 있다. 그들은 배우들을 교묘하게 유혹하여 추악한 스캔들을 만들고 배우들이 가진 보따리를 가로 채려 든다. 대중들의 입장에서 보면 산속에서 튀어나와 산타클로스의 선물보따리를 나꿔채 가려는 자들이다. 배우의 길로 들어서려는 젊은이들은 늘 유혹에 대비해야 한다. 시카고 대학의 처녀처럼 노력과 기다림의 덕목을 기르고 '맨해튼의 전설'을 기억해야 한다. 자신을 지켜야 대중을 행복하게 만들어 줄 수 있다. God damn! 메피스토펠레스! God bless! 장자연!

Shot of the day

나는 언젠가 한 칼럼에서 얘기한 적이 있다. "어린 시절 시골의 진풍경 중 하나는 짓궂은 형과 누나들이 신랑신부 첫날밤을 문틈으로 훔쳐보려다 물벼락을 맞고 줄행랑치는 장면이었다. 그때부터 내 소원은 손가락 끝에 눈이 달리는 거였고 하늘을 올려다보며 애원까지 했다."고. 세월이 흘러 오매불망 소원이 성취됐다. 내 손가락에 눈이 달린 것이다. 나만이 아니다. 휴대폰에 좁쌀만한 카메라가 장착되면서 모든 사람 손에 눈이 달린 시대가 됐다. 우리는 이제 마음만 먹으면 조지 오웰의 BIG BROTHER처럼 신혼방은 물론이고 화장실까지 엿볼 수 있는 특수인간이 됐고, 인터넷과 소셜네트워크서비스(SNS)까지 등장하면서 마침내 신인류의 시대가 왔다. 하지만 나는 실망이었다. 신랑신부는 이제 신방을 멀리하고 외국으로 허니문을 떠나니 훔쳐볼 첫날밤이 없어졌거니와, 이미 그 방 안에서 일어날 일들을 모두 알아차렸기 때문이다.

어떤 영화감독이 휴대폰 카메라로 영화 한 편을 뚝딱 만들었다. 세상이 이렇게 돌아가는 데도 내 손가락 끝 신인류의 눈은 늘 감겨져 잠만 쿨쿨 자고 있었다. 드라마를 만드는 사람으로서, 더불어 손가락 끝에 눈을 달라고 빌었던 자로서 자존심 상하는 일이었다. 하지만 최근 눈이 번쩍 뜨이는 아이디어 하나가 생각났다. '하루 중 가장 인상 깊게 마주친 장면을 매일 휴대폰 카메라로 찍자' 이것이 바로 '샷 오브 더 데이(Shot of the day)'다.

원래 Shot of the day는 프로 골프 경기에서 온 말인데 그날 경기의 가장 멋진 샷에 붙여주는 찬사다. 우리나라 아마추어 골퍼들은 '오잘공'이라고 한다. 말하자면 오늘 제일 잘 맞은 공의 준말이다.

하루에 하나의 샷(Shot)을 찾으려니 생활이 변했다. 세상을 치열하게 관찰하는 습관이 생겼다. 마치 카메라와 배우들을 향해서 '레딧 고!'를 외치듯, 생활 무대를 향해 스스로 카메라가 돼 줌인(zoom in)한다. 화가라도 된 듯, 소설가라도 된 듯, 언제 어디서나 삶을 정면으로 쏘아 본다. 평범하게 보이던 일상이 신기해져서 휴대폰을 꺼내어 총 쏘듯이 겨냥한다. 마치 전쟁터를 누비는 종군기자 같기도 하다. 물론 샷을 찍은 후엔 앞뒤 얘기를 글로 풀어 놓는다. 벌써 휴대폰 속엔 열장이 넘는 'shot of the day'가 쌓여 있다. 호텔 앞 호랑이 떼, 비바람을 맞고 있는 목련꽃, 에이지 슈터 80세 회장님의 스코어카드, 한식집 간판 샷도 있다.

#Shot of the day 1 : 호랑이 떼 서울에서 온 후배와 호텔에서 아침을 먹는데 창밖으로 호랑이 떼를 발견했다. 얼른 나가서 휴대폰 카메라로 그놈들을 포획했다. 십여 마리가 넘는 살아 있는 듯한 조각상들이다. 호텔 마당에 호랑이 떼를 만들어 놓은 조각가의 의도는 그곳이 군웅이 모이는 곳이 되기를 기원하는 의미라고 했다. 편견적 통념으로는 호텔은 객실과 객실에서 음모와 계략이 꾸며지고 로비에서는 불순한 로비가 난무하는 곳이다. 괜히 후배와 나눴던 대화의 내용을 반추해 봤다. 음모를 꾸미진 않았나? 술수를 부리진 않았나? 하루 종일 호랑이 떼들이 내 마음 속에서 서성거렸다.

#Shot of the day 2 : 소설책 그리스인 조르바 괜히 이 책을 읽었다. 후회했다. 조금만 일찍 읽었더라면 인생을 구원 받았을 테지만 읽지 않았더라면 비겁하고 부자유하게 살았다는 것을 몰랐을 텐데. 하지만 내 아들도 일찍 읽지 않기를 바란다. 이 소설을 읽고 니코스 카잔차키스의 묘비명같이 "나는 아무것도 바라지 않는다. 나는 아무것도 두려워하지 않는다. 나는 자유다!"라고 외칠까 겁난다. 머리 굴리고 계산하며 살아가는 삶, 약간 비겁하고 요령껏 사는 삶이 주는 안전함을 내팽개칠까 두렵다. 난 영원한 비겁자.

#Shot of the day 3 : 에이지 슈터의 스코어 카드 그는 81세인 데도 드라이버 200야드를 날렸다. 골프의 기술과 매너, 모두가 감탄

스러웠다. 흔히 골프를 인생에 비유하곤 하는데, 그가 쓴 〈포기는 없다〉란 회고록을 보니 살아온 인생의 스코어 카드에도 이렇게 기록돼 있었을 것이다. 노력, 성실, 인내, 정직, 겸손, 절제 같은 미덕들이 버디, 파처럼 한 홀 한 홀 기록돼 있을 것 같았다. 'Shot of the day'로 감탄하는 일이 많아졌다. 앙드레 지드는 '현자(賢者)는 모든 것에 감탄하는 자'라고 했다. 감탄하면 오래 기억하기 때문에 현자가 되는 것이다.

벤자민 버튼의 시계만 거꾸로 돌까

〈벤자민 버튼의 시계는 거꾸로 돈다〉 라는 특이한 영화 한 편이 상영되었다.

〈위대한 게츠비〉를 쓴 스콧 피츠제럴드의 소설을 각색한 이 영화는 시간이 거꾸로 가는 한 사내의 인생과 사랑 이야기다. 주인공을 맡은 브레드 피트는 70세 흉물스러운 노인 모습의 세상에 태어나지만 시간이 흐를수록 점점 젊어진다. 그의 시계는 거꾸로 도는 것이다. 세월이 흘러 청년이 된 브래드 피트는 여인과 사랑에 빠져 가정도 이루고 사업도 성공적으로 이끌어간다. 하지만 거꾸로 도는 시계 탓에 결국은 어린이로 변하면서 가족, 친구, 전우들과 어긋나는 시간의 삶을 살다가 생을 마감한다.

'인간이 80세로 태어나 18세를 향해 늙어간다면 인생은 행복하리라'는 마크 트웨인의 명언에서 영감을 얻었다는 이 소설은 시간이 거꾸로 가더라도 인생은 행복해질 수 있는 일이 아님을 암시하며 막을 내린다.

영화를 본 얼마 후 대기업 회장을 지내다 은퇴한 어른과 하루를 보낼 기회가 있었다. 그는 일에 매달려 줄달음쳐 온 흔적이 외양 곳곳에서 느껴졌다. 나이보다 더 연로해 보였고 심신도 지쳐 있었다. 모든 사람이 부러워할 정도로 크게 성공을 이룬 분은 은퇴생활을 어떻게 보낼까? 궁금해서 물었더니 선문답처럼 말씀했다.

"하루는 너-무 길고, 일년은 너-무 짧소."

그의 힘 빠진 말 한 마디에서 벤자민의 시계만이 아니라 모든 인간의 시계도 언젠가는 거꾸로 돈다는 걸 깨달았다. 잘나가던 유명 회장님의 '의식의 시계'는 이미 미래로 보다는 과거로 돌고 있는 것 같았다. 그는 친구도 만나고 독서도 할 것이며 운동도 할 것이다. 하지만 누구를 만나든 미래에 대한 이야기보다는 과거를 화제 삼는 일이 많을 것이며 홀로 있을 때도 지난 일을 회고할 때가 더 많을 것이다. 회장 시절 이룬 업적, 사장 시절 일어난 사고, 신입사원 시절 선배와 상사에게 혼났던 일과 칭찬받았던 일을 하나하나 되새김하며 하루를 보낼 것이다. 그러다 보면 하루 해는 길고 1년 달력은 순식간에 훌쩍 페이지가 넘어갈 것이다.

그는 일을 등에 짊어지고 달리고 달려 최정상의 타이틀은 쟁취했지만 정작 행복을 쟁취하지는 못한 듯했다. 회장 자리에서 은퇴할 때 행복으로부터도 은퇴한 듯 보였다. 내 주위 세속적 승자들의 만년의 모습을 유심히 관찰해 보았지만 그의 살아가는 모습과 크게 다르진 않았다.

내 시간도 거꾸로 돌 때가 올 것이란 생각과 그에 대한 고민을 시작한 건 이때부터다. 행복학의 세계적 권위자 에드 디너(ED DIENER)는 행복하려면 '물질적 풍요'와 '심리적 부'를 쌓아야 한다고 말했다. 심리적 부를 축척하는 비법 중 하나는 추억 만들기다. 영화 〈죽은 시인의 사회〉에서 키팅 선생이 외쳤던 '카르페 디엠!'을 외며 현재를 즐기는 일. 일의 노예가 되지 않고, 일의 안과 일의 밖 곳곳에 일을 추억의 색깔로 칠하기로 했다. 점심시간 동료들과 김밥을 사들고 공원에 나가 독서토론을 하고, 저녁엔 아마추어 연극 동아리에서 연기도 하고, 친구들과 용돈을 모아 아프리카 오지에 우물을 만들어 주기도 하는. 더불어 심각한 일을 하면서도 추억의 카메라로 메이킹 필름을 찍고 있다 생각하는 현재를 즐기는 자세.

올해 벽두 화방에서 유화 재료 일습을 샀다. 미술학원에 등록해 고3 수험생들 사이에서 열심히 배울 작정이다. 피카소나 이응로 화백이 되려는 게 아니다. 과정 과정에 추억의 재화를 이것저것 저축했다가 시계를 거꾸로 돌려야 할 20년 후 꺼내 쓰기 위해서다.

'BIG Brother', 'little brother'

어린 시절 내 시골의 진풍경 하나는 결혼식 첫날밤 짓궂은 형과 누나들이 몰래 신방을 훔쳐보려다 물벼락을 맞고 줄행랑치는 장면이었다. 그 방에 무엇이 있기에 저 야단일까? 그 시절 내 소원 하나는 손가락 끝에 눈이 달려 그 방을 물벼락 안 맞고 무사히 훔쳐보는 거였다. 그렇게만 된다면야 어디 방만 훔쳐볼 뿐이겠는가? 수많은 시험 때는 얼마나 편할 것이며 모든 친구들을 부하로 만들 수 있을 것이고 온갖 불가능이 가능해질 것 같았다.

그래서 하늘을 향해 중얼거리기까지 했다. "하느님, 손가락 끝에 눈 하나 턱 달아주세요."

그런 흠모의 인간을 만난 것은 조지 오웰의 소설 〈1984〉에서다. 소설 속 'BIG Brother'는 열 손가락에 눈이 달린 인간이었다. '텔레스크린'으로 모든 사람들의 사회 활동을 감시하고, 신랑 신부의 방은 물론이거니와 심지어는 화장실의 은밀한 사생활까지도 엿보는 공포의 인간이지 않는가. 소설을 읽던 '70년 초반, 10년 앞에 있던 〈1984년〉은 흉측스럽고 무서웠다.

책이 출간 된 1948년만 해도 'BIG Brother'의 존재가 비현실적으로 느껴져 관심을 끌지 못했다지만, 산업사회에서 정보화사회로의 전이가 시작된 '70년대, 그 악랄한 빅브라더의 세상이 급속하게 다가오고 있음을 누구나가 느끼던 시절이다.

지금은 조지 오웰이 묘사했던 세계가 우리 눈 앞에 있다. 우리는 마리오네뜨(marionette)의 형상을 하고 각자가 속한 조직의 'BIG Brother' 휘하에서 영혼까지 허우적거리며 오늘을 영위한다. 더 당황스러운 것은 2000년대로 들어서면서 BIG rother와 함께 새로운 존재가 나타났다. 세상을 둘러보면 'BIG Brother의 희미한 그림자와 함께 우리의 일거수일투족을 지켜보는 또 다른 존재들이 있다. 그들은 거구이거나 괴력을 가진 존재도 아니며 왜소하고 미약하기까지 하다. BIG처럼 무서운 외양을 가지지도 않았으며 우리와 똑같은 이목구비의 평범한 존재들이다.

핸드폰에 콩알보다 작은 카메라가 장착되면서 우리는 모두 손가락에 눈 달린 인간이 되었다. 어린 시절 오매불망하던 내 소원이 나뿐만 아니라 모든 인간에게 이루어졌다. 나는 이들을 'little brother'라 부른다. little brother들도 뭉치면 'BIG Brother' 이상의 힘을 발휘하게 되었다. 극소형 카메라와 인터넷과 SNS를 융합시켜 'BIG Brother'가 가진 '텔레스크린'을 만들고 '사상경찰'을 만들고 '헬리콥터' 이상의 폭격기를 만들어낼 수 있는 무리들이다. 컴퓨터와 인터넷을 정보요원과 사상경찰로 보유해서 세상의 모든 정보를 입수하고 맘대로 요리해 낸다. 그들도 이젠 'BIG Brother' 처럼 이 세상 곳곳을 몰래 엿보고 감시 통제하는 위협적 존재가 될 수 있다.

little brother는 'BIG Brother'의 전횡과 압제를 벗어던지기 위해서 태어 났다. 그들은 B.B 와 그 수하들의 불의를 들추어 고발하고 패악에 맞서 싸우기도 한다. 그들은 위대하며, 존중받아야 하고, 보호되어야 한다. 그들이야말로 이 시대 'BIG Brother'의 폭압으로부터 민중을 지켜줄 유일한 구원자요 해방군이다. 하지만 힘이 축적되자 힘자랑을 하기 시작했다. 하이에나처럼 몰려다니며 무고한 개인의 프라이버시를 침해하고 신랑한 인격을 물어뜯는 모습들을 보이며 결국은 약하고 선량한 동지들의 목숨을 앗는 일이 빈번하게 발생한다.

B.B가 텔레스크린과 사상경찰과 헬리콥터를 동원해 세상을 감시 압제했듯이 그들도 '몰래 카메라'와 악성 댓글과 SNS를 융합해서 무차별하게 세상을 유린하고 다닌다. 내 꿈은 실현되었건만 나는 온통 BIG Brother와 little brother에 샌드위치 된 존재로 영락했다.

공짜로 성형하기

'국호'의 애칭을 누가 지었는지 모르지만 대한민국은 가히 '성형공화국'이다. 아침 저녁으로 TV에 등장하는 연예인들의 얼굴이 매일 매일 국체의 안녕을 알려 준다. 인터넷에 떠도는 그들의 Before와 After 사진도 공화국의 찬란한 역사 유물이다. 물론 성형공화국의 권력은 모든 국민으로부터 나온다. 몇몇 가수나 탤런트는 소수의 대변자일 뿐이다. 이 나라 갑남을녀와 필부필부들의 아름다움을 향한 처절한 실천이 공화국 국력의 원천이다. 도시 곳곳 대로변에 번창하는 한 집 건너 한 집 꼴인 성형외과가 그 확실한 증거물 아닌가.

인간의 아름다워지려는 욕망을 비난할 수는 없다. 그 방법이 성형이라 할지라도 마찬가지다. '가장 예쁜 유전자만이 살아 남는다.'는 생존이론까지 등장한 마당에 삶을 향한 몸부림을 누가 감히 비난할 수 있겠는가. 하물며 얼굴이야말로 재산 1호 격인 대중 연예인들을 향해서는 더더욱 그렇다. 이치로 따진다면야 얼굴 관리를 소홀히 하는 연예인은 회사의 시설 관리를 소홀히 하는 기업인과 진배없는 것 아니겠는가.

배우와 가수만이 얼굴에 관심이 많은 것은 아니다. 정도의 차이는 있을지언정 인간은 누구나 자신의 얼굴을 놓고 아침 저녁으로 일희일비한다. 미인의 표상처럼 여겨지는 중국의 '서시'와 이집트의 '클레오파트라'도 우리네 범인보다 덜하진 않았을 것이다. 아름다움에 대한 흠모는 미의 여신 '비너스'에 대한 동서고금의 숭앙이 보여주듯 선험적인 본성이다. 미를 향한 집착은 인간으로 태어난 업보일 수도, 또 축복일 수도 있는 것 아닌가.

이렇듯 성형에 대한 관심이 높은 가운데 나는 최근에야 한국인과 일본인과 중국인의 얼굴 느낌이 다른 까닭 하나를 알게 되었다. 중국·일본·한국인은 유전자적으로는 거의 차이가 없고 특히 한국인과 일본인은 0.00586%만 다르다고 한다. 이 미세한 차이로 얼굴에 나타난 느낌과 생김의 차이를 모두 설명할 수는 없을 것인데도 한·중·일 사람은 어딘지 모르게 다르다. 자세히 살펴보면 생김새도 그렇거니와 특히 풍기는 느낌에 차이가 있다.

소설가 이병주 선생이 쓴 글에 따르면 사용하는 언어가 얼굴 근육에 영향을 미쳐서라고 한다. 항상 일본 말을 하는 사람과 항상 한국 말을 하는 사람은 그 언어들이 근육에 미치는 작용력에 따라 거의 비슷한 얼굴인 데도 전연 다른 느낌으로 나타나게 된다는 것이다.

생활 속에서 검증해 보면 일리를 발견한다. 한국 말이 서투른 재일동포일수록 일본 사람과 닮아 있는 모습을 자주 접한다. 또 한국 말을 잃어버린 재미동포도 우리와 다른 독특한 분위기를 가졌다. 이렇게 본다면 중국어를 사용하는 사람은 중국적인 얼굴을, 일본 말을 사용하는 사람은 일본적인 얼굴을 가지게 되고 한국 말을 사용하는 사람은 한국적인 얼굴을 가지게 된다는 뜻인데….

선생의 주장을 쫓다가 문득 성형수술이 아닌 얼굴 만드는 법이 떠올랐다. 똑같은 언어를 사용하더라도 말하는 품새도 얼굴 근육에 영향을 미치지 않을까. 가령 같은 중국 말을 하더라도 거칠게 말하는 사람과 부드럽게 구사하는 사람은 얼굴에 다른 효과를 미칠 것 아닌가. 그 점에서는 일본 말도, 한국 말도 마찬가지일 것이다. 한국 말도 깡패와 양반의 말투가 다르듯이 일본 말도 사무라이의 말투와 야쿠자의 말투가 다를 것이며 그 차이만큼이나 얼굴 근육에 영향을 주게 될 것 아닌가. 방송가 배우들 중엔 생긴 건 미남이지만 풍기는 느낌이 밉상이라 평생을 악역만 하는 이가 있고 생긴 건 못생겼지만 곱상이라 인기 좋은 배우가 있다. 그들의 평소 말투와 말투를 빚어내는 평상시 마음을 생각해보니 그럴 듯도 하다. 밉상과 곱상은 말투가 만들고 그 말투는 마음이 만든다면 요즘 사이버공간 말투로 판단하건데 미래 한국인의 얼굴은 확실히 그악스러운 밉상이 돼 있지 않을까.

해운회사의 연극

대학시절 나는 드라마 아닌 신문 만드는 일에 미쳐 있었다. 1주일에 한 번 내는 대학신문이지만 '기사(記事)는 발로 쓰라'는 금언(金言)에 따라 수업도 제친 채 캠퍼스를 달리고 달렸다. 괴발개발 기사를 쓴 후엔 또 인쇄소로 달려 나가 문선공, 조판공 아저씨들과 어울려 신문을 만들었다. 어느 날 친구가 말했다. "야, 넌 강의실엔 코빼기도 안 비치고 어딜 그렇게 달려 가냐. 남들이 미친 놈 같다고 하더라." 캠퍼스 동서남북으로 달음질만 치는 친구가 그들 눈엔 이상한 놈으로 보였을 것이다. 하지만 신문 속으로 기어들어갈 듯 열독하는 학우들의 모습은 모든 걸 보상해주었고 짜릿한 쾌감까지 주었다. 어느 날 나 자신도 미친 자 한 명을 발견했다. 머리를 산발한 채 경찰에 쫓기는 데모꾼처럼 사내는 캠퍼스 곳곳을 달리고 달렸다. 도대체 저자는 무엇에 미쳐서 저렇게 달음박질치는 걸까. 알고 보니 대학 연극부(演劇部)를 책임진 자였다. 연극도 사람을 미치게 만든단 말인가. 그 후 나는 방송국에 입사해 연극 4촌쯤 되는 드라마 PD가 되었고 그 옛날 산발한 채 캠퍼스를 달리던 사내를 완전 이해하게 되었다. 드라마든 연극이든 마력적 요소가 있다. 드라마 한 편을 함께 만들다 보면 모두가 한식구가 되어버린다. 6개월, 1년을 함께 살다보면 진짜 가족처럼 생활하게 되고 그 연대감은 상상을 넘어선다. 늘 생방송인 연극은 드라마보다 훨씬 더 협동심과 조직애를 키워줄 수밖에 없는 배우의 예술이다. 연극 때문에 나는 몇 년 전 특이한 선박회사 하나를 만났다. 이 회사는 모든 사원이 참가해 2년에 한 번씩 연극제를 벌인다. 한국은 물론이고 중국, 일본 같은 해외에 근무하는 사원들까지 모여 부서별로 팀을 만들고 10개가 넘는 작품을 공연한다. 무대에는 별의별 연극이 다 올라온다. 어떤 팀은 인당수에 빠지는 심청전을 영어로 연기하고 어떤 팀은 일본어로 된 연극을 한다. 재작년엔 배의 침몰위기를 맞은 사람들이 혼연일체가 되어 난관을 극복하는 작품을 공연했다. 결례일지 모르지만 회사 이름을 밝힌다. 이런 독특한 기업 문화를 가진 회사는 '장금상선(SINOKOR)'인데 나는 올해로 6년째 이 회사 연극제의 심사를 맡는 영광을 누리고 있다. 그들은 2개월 정도 연습을 한다고 했다. 업무를 끝낸 후 모든 부서원이 밤중에 모여서 배역에 따라 연기를 한다. 연극으로 얻는 카타르시스는 업무 스트레스를 푸는 특효약이다. 연극제에 가보면 이 특별한 문화의 효능을 느낄 수 있다. 모두가 연극 속 자신의 역할에 몰입

하듯 얼굴에 생동감과 환희가 넘친다. 2014년, 대한민국의 4월은 T. S 엘리엇의 황무지보다 더 잔혹한 달이 되고 말았다. 1개월여 '세월호' 사태를 지켜보며 연극제가 내 머리를 떠나지 않았다. 만약 장금의 사원들이 맹골수도에서 위기를 만났다면 어떻게 처신했을까? 선장은 도망가고 선원들은 자신의 목숨 챙기기에만 급급했을까. 문화가 없는 기업, 문화가 없는 집단은 언젠간 침몰한다. 세월호 참사는 '생명이 깃들지 못하는 문화 없는 문명'이 만들어낸 비극이다. 모든 희생자와 유족들 앞에 삼가 애도의 마음을 바친다.

고개 숙인 남자의 출근길

서울로 귀환해 오랜만에 늘 다니던 체육관을 찾아갔다. 가는 날이 장날이라더니 새벽 여섯 시에 현관 문 앞에서 주인과 회원이 말싸움을 하고 있다.

두 사람 모두 잘 아는 터라 다가가지 못하고 멀찍이 삐죽거리고 섰는데 눈치를 챈 회원이 "그 따위로 하지 마!"라고 고함을 치더니 고개를 푹 숙이고 밖으로 나가버렸다. 남자는 1년 열두 달 결석 한 번 하지 않는 개근 종결자다. 매일 새벽 여섯 시 정각이면 철학자 칸트처럼 딱 나타나 딱 한 시간 운동 후엔 전후좌우 보지 않고 고개를 푹 숙인 채 칼같이 사라졌다.

체육관이 내부수리를 한다고 1주일 휴장을 했던 모양인데 사전에 그 사실을 알지 못한 남자는 화가 잔뜩 났던 것이다. "공고를 했어야지 이런 법이 어디 있나?" 그래서 '그 따위로 하지 마'라고 고함을 질렀던 것이다. "그 말 맞네."라고 맞장구를 쳤더니 체육관

주인은 공고문을 한 달 간 대문짝만하게 출입구에 써 붙였다며 말했다. “저 남자 별명이 뭐요, 고.숙.남 아니요. 공고 못 보고 항의한 사람은 저 인간뿐이오.” 그 남자는 우리 사이에 ‘고개 숙인 남자’ 고.숙.남으로 통하는 사람이었다.

출근길에 다시 남자를 마주쳤다. 어딜 가는지 고개를 푹 숙이고 걸어서 날 보진 못했다. 저렇게 다니니 1개월이나 붙어있던 휴장공고를 못 볼 수밖에. ‘정말 고개 숙인 남자야!’ 껄껄 웃으며 한참을 걷다가 멈추어 섰다. 불현듯 나 또한 고개 숙인 남자라는 생각이 들었기 때문이다.

나는 회사와 아주 지근거리에 살아서 걸어서 출근하기도 하고 차를 타고 다니기도 한다. 벌써 18년째 그 길을 출퇴근 중이니 이젠 눈 감고도 다닐 수 있는 길이다. 그런데 생각해 보니 출근길에 관해 기억으로 남은 게 전혀 없다. 내 출근길을 소개하면, 아파트를 나와서 초등학교와 중학교가 나란히 붙어 있는 일방통행 소로를 통과한다. 그 길엔 내가 출근할 즈음엔 아무도 없다. 초등생도 안 보이고 중등생도 볼 수 없다. 지금 같은 겨울이면 플라타너스 수십 그루가 양쪽으로 을씨년스럽게 도열해 있을 뿐이다. 다음으로 통과하는 몇몇 도로도 자동차만 몰려다닐 뿐 삶의 모습들이 거의 없다. 그런 무미건조한 길을 두 번 더 가면 내 일터가 나온다. 한 달에 40번, 1년에 480번, 18년째 9000번 가까이 이 길을 반복적으로 왕복했으니 어찌 보면 로봇이나 편집증환자처럼 단순 왕복

운동을 하는 꼴이었고, 결국은 고개 숙인 남자처럼 되어버린 것이다.

온갖 변두리 삶을 만나는 잭 케루악의 유명한 소설 〈온 더 로드(On the road)〉에 견줄 수야 없겠지만, 현대인의 출퇴근길도 대단한 의미를 가질 수 있다. 따져보면 1년에 식사 다음으로 많이 하는 일과가 출퇴근이다. 지친 일상과 교통체증 때문에 지옥길로 간주되기도 하지만 그 길은 짧은 여행길이기도 하다. 길 위에서 마주치는 타인들의 삶에서 엿보는 짧지만 강렬한 이미지와 느낌들은 더러는 내 삶의 안주에 대한 반성과 새로운 삶을 향한 실마리를 주기도 한다. 늘 보는 풍경은 '풍경'이 아니며 늘 마주치는 상황은 '상황'이 아니다. 한강을 아침저녁으로 대하면 단지 물(水)이 된다. 새해엔 출퇴근길을 세 방향 네 방향으로 늘려 볼 생각이다. 구두도 많이 닳고 기름값도 더 들겠지만 짧은 여행도 이 길 저 길 고개 들고 다니면 보고 느끼는 것도 세 배, 네 배 늘어날 것이다. 사내란 이래저래 고개 숙인 남자여서는 안 되는 법 아닌가.

스토리 파이터

파란 눈의 서구인이 한국 관광을 책임지는 고위 공무원이 됐다. 네덜란드 사람 하멜이 이 땅을 밟은 지 꼭 356년만의 일이다. 하멜은 13년 간의 억류생활을 하다가 탈출했지만 이참이란 사람은 이 땅에 남아 우리 문화를 세계에 알리는 한국인이 되었다.

그의 원래 이름은 이참(李參)이 아니라 '크반트'다. 15년 전 '세계화'가 화두이던 시절, 나는 그를 KBS 주말극 〈딸부자집〉에 캐스팅하며 만났다. '관광 왔다가 한국 처녀에게 반해 귀국을 포기하고 귀화하는 서양 청년'이 그가 맡은 배역이었다. 지금도 기억하는 이들이 있을 것이다. 그가 사랑에 빠진 처녀는 '하유미'였다. 딸부자집엔 다섯 딸, 이휘향과 하유미, 전혜진과 변소정, 이아연이 있었고, 아버지 역은 김세윤씨가 할아버지는 고인이 된 전운씨가 맡았다.

극중 이름이 '칼 도마'였던 그는 키가 너무 커서 연기를 하다가 세트(SET)에 번번이 이마를 부딪쳤다. 하멜이 표류했듯이 그의 한국 실제 생활도 머리 찧을 일이 많았을 것이다. 드라마 속에서 그는 늘 유쾌했고 한국의 옛것을 사랑했으며 우리의 옛 시가(詩歌)를 구성지게 읊었다.

"살어리 살어리랏다. 청산에 살어리랏다. 멀위랑 다래랑 먹고, 청산에 살어리랏다. 얄리 얄리 얄랑성, 얄라리 얄라."

관광공사 사장이 된 그는 인터뷰에서 말했다. "우리 스스로 우리 관광 상품의 가치를 잘 알지 못한다. 관광 선진국처럼 관광지마다 스토리텔링이 잘 구축되지 못했다."

우리의 산과 강, 모든 산천과 역사유물은 관광자원이다. 하지만 스토리 없는 자연이나 문화 사적은 아름다울 수는 있지만 감동은 덜하다. 이참씨가 말했듯 스토리텔링이 없으면 '가치'는 적다. 감동은 드라마틱한 이야기에서 나오고 이야기는 사람으로부터 발원한다. 이태리의 작은 도시 '베로나'에 전세계에서 수십 만의 사람이 몰려드는 까닭은 가상의 인물이지만 '로미오와 줄리엣'이 있기 때문이다. 중국 섬서성 한성시 사마천 광장에 관광객이 몰리는 까닭도 2천여 년 전 한 인간 '사마천'이 남긴 향취 때문이다.

우리의 남이섬도 마찬가지다. "남아 20세에 나라를 얻지 못하면 누가 대장부라 일컬으리" 라는 시 때문에 억울하게 죽임을 당한 〈남이장군〉 이야기가 있고, 〈겨울연가〉의 배용준과 최지우의 가슴시린 러브스토리가 존재하기 때문에 관광객들로 넘쳐나는 것이다.

세계 최고 관광국인 프랑스의 3대 관광요소도 사람이다. 나폴레옹과 루이 14세, 마리 앙투아네트. 여기에다 네 번째로 와인을 꼽는다.

나폴레옹에서 파생된 수많은 스토리와 유적들, 그가 태어난 코르시카 섬, 유배되었던 세인트 헬레나 섬. 그가 명령해서 세웠으나 죽은 후에야 관에 누워서 통과할 수 있었던 개선문.

'짐은 국가다'로 상징되는 태양왕 루이 14세. 배고파 빵을 달라고 외친 백성들에게 '빵이 없으면 케익을 먹으면 될 것'이라는 말을 남긴 사치와 낭비의 대명사 마리 앙투아네트. 프랑스관광의 수많은 자원들 중 상당수는 세 사람의 인생 이야기와 깊은 연관을 맺고 있다. 우리는 관광자원을 지나치게 속 좁은 눈으로 바라보는 건 아닌가. 우리 역사에도 수많은 영웅과 인물이 있었다. 광해군과 연산군 조차도 정치적 시각은 그대로 두고 문화적 시각에서 바라본다면 좋은 관광자원이 될 수도 있다. 폭군이든 성군이든, 충신이든 간신이든 또 독재자든 민주투사든, 역사 속의 한 사람 한 사람을 스토리로 살려내는 일이 관광으로 통한다.

관광은 지구인의 취미다. 우리 모두가 스토리 파이터로 나서면 세계인들이 칼 토마처럼 청산별곡을 흥얼대는 날이 올 수도 있다. "우러라 우러라 새여. 자고 니러 우러라 새여. 널라와 시름 한 나도 자고 니러 우니노라. 얄리 얄리 얄랑셩, 얄라리 얄라."

〈아이리스〉를 본 세종대왕 왈 "!"

드라마 〈아이리스〉를 광화문에서 촬영하던 날 제작진을 격려하러 현장에 나갔다. 비 오는 일요일 아침인 데도 이미 수많은 구경꾼이 모였다. 새로 축조된 옥좌에 앉은 세종대왕께서 내려 보는 가운데 "스탠바이~큐"와 함께 울려 퍼지는 총소리. 총을 쏘며 달리는 배우, 지휘하는 감독과 각 분야 전문가의 혼연일체, 연도에 모인 구경꾼들의 몰입. 허공을 찢는 폭발음은 축포로 느껴졌고 현장에서 벌어지는 모든 것은 한 편의 행위예술이었다.

얼굴에 상처 자국을 한 이병헌의 어깨를 두드려주고 화면보다 더 늘씬한 김소연의 손을 꽉 잡아주었다. 세상에 조연 없는 주연은 없는 법. 그날 시가전에서 죽음을 맞은 악역 장동직과 그 일당의 어깨를 두드려 주는 것도 잊지 않았다. 사실 내가 가장 어깨를 두드려 주고 싶은 사람은 이 기념비적 이벤트를 허락해 준 서울시 당국자들이다. 〈아이리스〉를 본 외국 한류 팬들은 한국의 심장부 광화문의 위용을 기억할 것이다. 다음날 몇몇 신문에선 "데모는 허락하지 않으면서 촬영은 허락했다"며 딴죽을 걸었다. 기사를 보며 2003년 하네다공항에 5000명의 일본 여성이 배용준을 보러 몰려나와 교통이 마비된 사건이 떠올랐다. 당시 일본 신문들은 어떤 반응했을까? 친한 일본 한류 팬에게 즉시 e메일을 보냈다.

답신을 기다리는 며칠간 〈아이리스〉에 대해 곰곰 생각해 봤다. 〈아이리스〉는 국가대표들이 만드는 드라마다. 이병헌, 김태희뿐만 아니라 작가와 감독도 국가대표급이다. 누구보다 내세울 만한 대표급은 제작자다. 그가 없었다면 국가대표급 배우와 감독과 작가를 아우르지 못했을 것이며 수백억짜리 드라마를 기획할 엄두도 내지 못했을 것이다. 축구에만 국가대표가 있는 건 아니다. 모든 국민이 응원할 국가대표 드라마도 있다. 작금의 한국 TV 드라마는 아시아와 중동까지 진출했고 아프리카에 닿았다. 한국 축구가 국제무대에서 얻은 이상의 글로벌 브랜드를 얻었고 엄청난 문화 콘텐츠가 되었다. 국민의 높은 시청률을 얻는 것은 엄청난 응원이다. 마치 '붉은 악마'들이 경기장에서 선수 한 명 한 명의 이름을 외쳐주는 것과 같다. 이병헌! 김태희! 정준호!

좋은 드라마를 만들기 위해선 촬영현장부터 응원이 필요하다. "왜 하필 우리 집 뒷마당에 와서 찍느냐?" "왜 광화문에서 찍느냐?" 님비현상(Not in my backyard)은 부자동네, 배운 사람들일수록 심하다. 가난한 동네에선 지금도 겨울엔 따뜻한 물, 여름엔 얼음물을 들고 나와 촬영 팀을 격려해 주는 곳이 많다. 우리 뒷마당도 싫고 앞마당도 싫다면 어디서 한국 드라마를 만들어내겠는가. 한국인의 삶을 담는 드라마에선 꼭 영종도공항이 필요할 때가 있고, 꼭 서울대병원이 필요할 때가 있는 법이다. 좋은 드라마를 위해선 수신료 외에 부담해야 하는 최소한의 불편세도 있는 법이다. 물론 그 불편을 최소화하는 것은 제작진의 무거운 의무다.

일본에서 e메일이 왔다. "그날 하네다공항의 교통마비 사태 때 많은 이들이 놀라기는 했지만 불평하는 사람은 없었습니다." 보내온 자료에는 정말 부정적인 기사는 단 한 줄도 없었다. 배용준의 인터뷰 중에 "공항에서 나올 때 제가 지나가는 곳마다 경비원들은 팬들이 잘 보이게 몸을 숙였습니다. 너무 인상적이었습니다."란 내용이 있었다. 온종일 지켜보신 세종대왕께서도 소란스럽다 야단치기보다는 〈아이리스〉를 응원하는 어깨춤을 추셨을 것이라 믿는다. '얼쑤' 촬영으로 불편을 겪은 모든 시민들에게 미안한 마음을 전한다.

한국 언론의 쌩얼

신문사의 회장으로 있다가 주미대사가 되어 활동하던 중 대통령 후보에게 친족재벌의 불법선거자금을 백화점 주차장에서 전달한 게 도청당해 중도하차했다. 그가 그 수치스런 일로 미국 대사 자리를 물러나 귀국하던 '05년 말, 인천공항에서는 우리 언론사에 길이 남겨야 할 사건 하나가 일어났다. 어느 정당 소속 사람들이 그이의 귀국 길목을 막아서며 포토라인을 넘어 기습시위를 벌이자 취재하던 기자가 시위자의 목을 잡아 젖혀버린 것이다. 알고 보니 기자는 대사가 회장으로 있었던 바로 그 신문사 소속의 사진기자였다. 사진을 찍기 위해서였다고 강변했다지만, 그것은 기자의 직업정신과 직업윤리, 두 가지 모두에 어긋나는 행동이었다. 그의 행위는 언론인으로서 쫓아야 했던 진실도, 지켜야 했던 불편부당(不偏不黨)도 모두 저버린 것이었다. 물론 포토라인은 중요하다. 그것은 말 그대로 과열 취재경쟁으로 인한 불상사를 막기 위한 언론인들의 신사협정이기 때문이다. 그러나 포토라인의 궁극적인 목적은 그 협정을 통해서 국민들에게 더 진실 되고 더 정확한 현장의 참모습을 제공하기 위한 합의이다. 그런 점에서는 사건관련자와 일반인 모두가 포토라인을 존중해 주어야 한다고 생각된다. 그러나 그날 시위자들의 시위행위는 일종의 정치적인 커뮤니케이션 행위였다. 따라서 시위자가 카메라렌즈를 고의로 막지 않은 이상, 그날 사진기자의 행동은 부당하며 언론인의 앵글을 심하게 벗어나 버렸다. 설혹 그들의 시위가 불법이었다 하더라도 기자가 나서서 그 불법시위자를 제지하는 것은 사리에 맞지 않았다. 언론인은 그들 시위자들의 불법적인 행위를 언론의 도마에 올려놓고 냉정하게 비판을 가할 권리를 가진 사람들이지 그들의 목을 제지하고 법을 집행할 권리를 가지지는 않았다. 그런 역할은 공항의 질서와 안전을 책임지는 관계자나 귀국 당사자의 경호를 맡은 사람들의 몫이었다. 기자는 단순히 '얼굴'을 찍으러 그곳에 가진 않았을 것이다. 전직 회장의 얼굴사진쯤이야 신문사 자료실에 얼마든지 있을 테니까 말이다. 그는 틀림없이 국민적 관심사인 불법 선거자금 전달관련자의 생생한 귀국현장을 취재하러 갔을 것이다. 그런데 현장에서 벌어진 정말 생생하고, 가장 중요한 상황을 취재하지 않고 오히려 스스로 치욕스러운 사건의 장본인이 되고 말았다. 이 사건은 언뜻 보기엔 작은 해프닝으로 보이지만 우리의 언론사에 길이 남겨 기록되어야 할 사건이다. 왜냐하면 우리 언론이 가지고 있는 치부 중 치부를 백주 대낮에 가장 명쾌하게 드러낸 사건이기 때문이다. 더불어 언론계의 동료와 후학들에게 길이길이 반면교사 역할을 해 줄만한 사건이기 때문이었다. 우리 한국 언론의 약점 중 약점은 언론 불변의 가치인 불편부당을 자주 외면하는 일이다. 언론이 "진실을 추적해서 보도하고 사회의 공익을 추구하는 공적 도구"라는 언론인 스스로의 정의가 옳다면, 어디에도 치우치지 않는 '불평부당'은 그 진실에 닿기 위해 선택해야 하는 오롯한 외길이다. 그런 점에서 공항사건은 불편부당을 정면으로 부정한 사례가 되기에 충분하거니와 세간의 평처럼 그 기자는 '경호원기자'라는 주홍글씨로 된 완장을 팔뚝에 차는 게 더 적합해 보였다.

지금 우리 한국의 언론은 춘추전국시대를 방불케 한다. 신문과 방송과 통신과 인터넷이 결합해서 이루어내는 언로는 사통팔달을 넘어섰다. 가히 바다를 이루고 있다. 이 바다 속에는 또 수많은 크고 작은 '펜'들과 수많은 크고 작은 '카메라'가 진실과 정의를 찾는다며, 국가와 민족을 경호한다며 치열하게 경합한다. 모두들 불편부당하겠다는 기치를 내걸고 시시비비를 좇아 진실과 정의를 국민의 제단에 바친다는 맹세를 사훈과 사시로 박아놓고 오늘도 1만 가지 입장과 주장을 높이고 있다. 그야말로 언론 자유 백가쟁명이다. 그런데 참 아이러닉하다. 언로가 사통팔달을 넘어서서 위로는 고가도로, 밑으로는 지하철이 뚫린 언론천국이 왔건만 진정으로 국민과 진실과 정의를 경호하는 언론인은 옛날보다 줄어들었다는 느낌을 받는다. 경륜과 명망을 갖춘 대기자도 왠지 어느 집단의 대경호원으로 둔갑한 느낌이고 패기만만한 젊은 기자들도 갑옷과 투구를 쓴 어느 쪽의 구사대만으로 보일 뿐이다. 어떤 언론인도 '불편부당'해 보이지 아니하고 어떤 누구도 진실을 좇는 정의의 사자 같지 아니하다. 그날 공항에서 일어난 그 경호사건은 한국 언론의 쌩얼을 제대로 보여 준 해프닝이 아니었을까?

전봇대는 전봇대가 아니다

〈라쇼몽〉, 〈7인의 사무라이〉로 대표되는 세계영화사에 찬연히 빛나는 거장 '구로자와 아키라' 감독이 촬영을 하다가 외쳤다. "저 전봇대 때문에 그림이 안 돼. 없애 버려!"

조건이 충족 안 되면 절대 카메라를 돌리지 않는 구로자와 감독. 오야붕의 명령을 받은 조감독들은 황당했다. 거리 한쪽에 얌전하게 서 있는 전봇대를 없애라니. 아무리 베니스영화제 황금사자상을 타고 아카데미상을 거머쥔 대감독이라지만 멀쩡한 공공시설물을 없애라니 이건 멀쩡한 사람 잡아다가 생 이빨 뽑으라는 것과 다름없지 않는가.

한국 방송계에도 있었다. 바다 한가운데서 촬영을 하다가 멋진 기선(汽船)이 지나가자 감독님이 조감독에게 외쳤다. "저 배 세워!"

물론 조감독은 감독 명령에 따라 메가폰으로 소리를 질렀지만 설 리가 없다. 그 황당무계한 일을 겪은 조감독은 그 후 그 배처럼 드라마 판에서 멀리 떠났다.

구로자와의 조감독들은 세계적인 오야붕의 권위에 눌려 도망조차 가지 못했다. 미친 척하고 시(市)당국에 전화를 할 수밖에 없었다.

“우리 구로자와 감독님이 당신들 시(市)에서 촬영을 하려는데 전봇대 하나가 흉물스러워 그림이 안 된다고 하니 좀 뽑아버릴 수 없나?”

“그 감독 미친 인간 아뇨? 그리고 당신들도!”

그렇게 했어야 상식적이다. 그러나 시(市) 당국자가 비상식적 인간이었는지, 혹은 예술을 이해하는 사람이었는지, 전설처럼 전해 내려 오는 바에 따르면 당장에 그 전봇대를 뽑아냈다.

드라마 촬영을 나가보면 농촌이나 산골 경치를 가장 심하게 망치는 놈이 전봇대다. 얼기설기 얽힌 전선줄과 전봇대 때문에 흉물스럽게 망가진 풍광이 너무 많다. 형편은 도시도 마찬가지다. 한국전력 사람들이 들으면 주먹감자를 먹이겠지만 드라마 감독에게 ‘전봇대’는 애물단지고 흉물이다. 이번에 주말드라마를 제작하는 중에 흉물스런 전봇대 하나를 만났다. 마포 어느 동네에 주인공인 ‘이태란’의 집을 설정했는데 골목 앞에 전봇대 하나가 꼴사납게 버티고 서 있었다. ‘구로자와’도 아닌 무명(無名)의 감독이니 전화를 해서 뽑아달라고 했다간 정신병원에 끌려 갈 것이고, 또 몰래 뽑았다간 해우소(解憂所) 불법 철거했다고 술꾼들에게 몰매 맞을지도 모르는 일 아닌가. 방법은 흉물스런 전봇대를 그냥 두고 찍는 길밖에 없는데 그 장면만 생각하면 목엣가시처럼, 눈엣가시처럼 그 전봇대 녀석이 자꾸 곧추서는 것이다.

낑낑대던 어느 날 묘한 생각 하나가 번쩍 스쳤다. "전봇대 기둥에 꽃나무를 그려 넣자! "

얼쑤! 시멘트 기둥에다 빨갛고 노란 접시꽃을 그리고 꽃나무 줄기가 전봇대를 휘감고 하늘로 올라가게 하는 것이다. 이태란의 집 앞엔 흉한 전봇대는 사라지고 꽃나무 한 그루가 자랄 것이다. 절쑤!

사실 이런 시도는 〈TV문학관〉을 만들 때 한번 실험한 적이 있다. 그땐 경기대학교 뒷동네 가파른 계단에 꽃그림을 그렸다. 물론 구청담당자와 상의를 했고 허락을 받았다.

계단에 그림을 그리고 있는 제작진

출연배우들과 함께 선 저자

계단에 핀 꽃그림은 드라마 속 스토리와 연결된 반전 장치다. 촬영 후 뒷소문을 들어보니 그곳 주민들은 지저분하던 계단이 화사하게 변해서 너무 좋아한다고 했다.

서울 시내 전봇대가 몇 개인지 모르지만 아무리 도시 미관(美觀)을 해친다 하더라도 썩은 이빨 뽑듯 할 수는 없다. 그 전봇대 기둥을 캔버스로 생각하고 그림을 그려서 생명을 불어넣어주면 어떻게 될까. 아름다운 꽃그림도 그려 넣고 또 참신한 디자인 장식을 한다면 그냥 멍하게 서 있는 흉물스런 시멘트기둥이 아니라 뭔가 거리예술이나 장치미술로 재탄생되지 않을까. 드라마쟁이의 허무맹랑한 Dramatic Think!

고향에서 마주친 박쥐

고향이 첩첩산골인 게 창피했고 촌놈이라는 낙인이 싫었다. 그런 까닭인지 혹은 타고난 인성 때문인지 이방 지역을 더 흠모했다. 세상 이곳저곳 떠돌기를 좋아했고 늘 발바닥 근질거리는 역마살 낀 인간이었다. 지구본을 보면 가슴이 뛰었다. 그 둥근 세상을 빙빙 돌리며 스스로에게 말하곤 했다.

"인간은 지구의 기생물이다." "지구는 인간의 숙주다. 이 세상 구석구석을 누비자."

세계 어디를 가도 마음이 평안했다. 인종과 국적, 피부색깔과 생김새에 상관없이 모두가 친근하게 느껴졌고 친교 맺기를 좋아했다. 그리하여 스스로를 코즈모폴리턴이라 여기며 살아왔다. 오해는 마시라. 그렇다고 몇 개 국어를 구사하며 세계 곳곳을 자주 여행하거나 사상이나 행동반경이 국제적인 넓이를 가진 '세계시민주의자'는 결코 못된다. 고향보다는 바깥 세상, 바깥 사람들의 삶이 더 흥미로웠을 뿐이다.

지금은 고향 근처에 와서 고향에 빠져 있다. 수구초심일까. 모든 산천이 아름답다. 어린 시절 친구들과 소 먹이러 다녔던 들과 산이 절경 중에 절경임을 알았다. 만나는 모든 사람도 정겹게 느껴진다. 나누는 말투와 말씨가 같고 생활 속에 주고받는 감정의 결이 같으니 몸은 비단옷 입은 듯 편하고 속은 감로수 마신 듯 달다. 동창모임 동향모임으로 술자리도 늘어가고 술 실력도 늘어간다. 가는 곳마다 고향사람이라 반기며 감출 말 숨길 말 가리지 않고 진솔하게 대해주니 아군 만난 패잔병처럼 환호작약하며 모든 말 모든 생각에 맞장구를 친다. 이런 저런 지역 대소사에 감놓아라. 배놓아라 참견도 늘어났다.

어느 날 술자리에서 애향가를 읊다가 돌아와 홀로 있는 시간 문득 의구심이 솟았다.

"내가 언제부터 이런 대단한 애향심을 품고 있었지?"

"지구본을 빙글 빙글 돌리며 코즈모폴리턴을 자처하던 자는 누구였지?" "지금 즐기고 있는 고향의 이 평안함은 세상을 떠돌다 지친 심신에서 온 것인가 아니면 타향살이를 하며 마주쳤던 집단주의, 패거리 의식에 질린 인간의 과장된 고향사랑인가?"

세상엔 천민자본주의만 존재하는 것이 아니었다. 이기심 넘실거리는 천민 애향주의도 존재했다. 승진과 출세를 위해 고향을 들먹이고 사리사욕을 채우기 위해 동향을 팔았다. 아파트 승강기 속에

선 인사 한 마디 건네지 않지만 동네 집값과 땅값을 위해선 떼에 떼를 만들어 몸부림치는 세상이었다. 나 또한 그런 흉물스러운 풍속도 속의 등장인물 중 한 명이었을 것이다.

어린 시절 친구들과 소 먹이러 가서 이웃마을 아이들에게 이유 없이 돌팔매질했던 기억이 난다. 돌아와 둘러보니 한 마장도 안 되는 우리 마을과 이웃마을이다. 벌판과 벌판 사이로 개천 하나가 흐를 뿐이었지만 그 선은 넘을 수 없는 국경이었고 그곳 아이들은 영원한 주적이어서 만나기만하면 으르렁거렸고 싸움질을 했다.

나의 과장된 애향가 속에는 철없던 시절의 이유 없는 돌팔매질처럼 세상에서 마주쳤던 패거리들을 향한 적대감이 내뱉는 허구의 카타르시스가 섞여 있었다. 고향에 오니 마음속에 숨어 있던 똑같은 패서리 의식이 어둠 만난 박쥐처럼 이중성을 드러내며 날아 나온 것이다.

그날 밤 지구본을 옆에 놓고 빅토르 위고가 했던 말을 되뇌인다. 자신의 고향을 아직 달콤하게 여기는 사람은 아직 주둥이가 노란 미숙아다. 고향에 집착하는 자는 쾌락주의자이거나 미숙아라고 했다. 지역감정이 얼마나 주둥이가 노란 미숙아인지. 위고는 중급의 인간을 모든 곳을 고향처럼 느끼는 자(코즈모폴리턴)로, 모든 곳을 타향으로 느끼는 자(이방인)를 상급인간으로 분류했다.

'스타시스템' 과 'Apga Score'

아기가 첫 울음을 터트리며 세상에 나오면 담당의사는 영아의 이모저모를 체크한 후 '표찰'을 달아 신생아실로 보낸다. 물론 이 표에는 아이의 성별과 체중, 태어난 시각과 부모의 이름이 정확하게 기록된다. 그것뿐만이 아니다. 심장박동 속도, 피부색깔, 호흡상태, 울음소리, 그리고 엄마의 꼭지에 대한 반응도등 다섯 항목을 출생 후 1분과 5분 후에 체크해서 기록한다.

각 항목은 상태에 따라 좋음 2점, 보통 1점, 나쁨 0점으로 기록되는데, 점수의 합이 7이 넘는 아기는 올림픽경기에 출전할 훈련을 시켜도 좋을 수준이고, 4점미만의 아기는 의학이 제공하는 모든 도움이 필요하다고 한다.

의학계에 통용되는 이 표찰의 이름은 'Apga score'

이를 창안한 Virginia Apga의 이름을 따서 명명한 것으로 60년이 넘었다. 그 이전엔 아기 상태를 그냥 뭉뚱그려 '좋다' '나쁘다'

'그저 그렇다' 식의 피상적인 말로 표시했었다고 한다. 하지만 1953년에 Apga박사가 처음으로 이 '시스템'을 창안한 후부터 전 의학계에 널리 전파되었다고 한다. 이 덕분에 그전까지 엄청나게 높았던 영아의 사망률이 현격하게 줄어들게 되었고, 'Apga score'도 영원히 생명을 유지할 의학계의 유명용어 중 하나가 되었다.

취임하자마자 '시스템이 대통령입니다!'라고 역설한 대통령도 있었다. 그가 시스템을 강조한 까닭도 바로 이런 연장선상에 있지 않을까.

방송계는 어떤가? 방송의 다양한 장르와 프로그램을 기획하고 제작하는 과정에서 'Apga'의 이름표처럼 시스템적 장치들은 얼마나, 어떻게 운용되고 있을까.

나는 '한류'를 생각할 때마다 'Apga score'가 떠오른다. 얼마 전까지 "한류, 아시아를 넘어 세계를 향한다."며 도하의 신문들이 긴 나팔을 불어댈 때, 그 나팔소리에 비례해 내 맘 속 불안감도 높아갔던 것은 한류가 시스템에서 나온 열풍이 아니라는 판단 때문이었다.

물론 '한류'는 우연이 아니다. 우리의 방송역사와 특별한 제작문화와 한국인이 가진 특장에서 비롯된 필연적 산물임이 틀림없다. 더불어 몇몇 작가와 PD의 투철한 장인정신, 몇몇 개성파 배우들의 Persona가 절묘하게 시대 흐름과 결합해서 이룩한 결정체로 보는 것이 타당하다. 그런 점에서 한류 열풍은 '무역풍'처럼 지속성을 담

보할 수 있는 어떤 확고부동한 시스템적 기반은 아직 약하다. 특히 한류의 제1 엔진이라 할 수 있는 드라마의 경우는 더욱 그러하다.

우리의 방송계에도 인구에 회자되는 '시스템'이 있다. 이름 하여 'Star system'

얼마 전, 한 드라마가 회당 제작비의 1/3 가까이 되는 액수를 한 여배우에게 바치고 캐스팅했다는 보도가 있었다. 이런 '사건'을 '스타시스템'이라 부르는데, 보통배우의 열 배가 넘는 '개런티'를 받은 이 스타는 드라마가 끝난 후 흥행에 성공하지 못하자 PD와 작가 탓에 실패했다는 보도 자료를 언론에 돌렸다고 한다.

그녀의 말에 공감 가는 부분이 있다. 아무리 생각해도 제작비의 1/3을 배우 한 명에게 투입하는 PD와 작가가 잘못한 건 분명한 것 같다. 시스템이 아무리 중요 요소라 할지라도 한두 명의 스타를 확보해서 드라마를 만들려는 것은 하의 하책이다. 스타시스템만으로 드라마의 발전과 한류의 지속을 앙망한다는 것은 거의 '미신 시스템'에 가까운 일이다. '한류'를 즐기고 있는 이방사람들이 한국드라마의 미래를 걱정하며 전해 온 말도 이런 지적이었다.

'스토리는 없고 한류 배우만 캐스팅해서 만들면 절대 오래 가지 못할 겁니다.' 일본의 한류마담이 내게 해준 말이다.

'한류'가 지속되려면 지금부터라도 방송의 'Apga score'를 만들어야 한다. 방송현장의 기획과 제작 과정에서 지금과는 다른 방식이 모색되어야 하고 시스템이 도입되어야 한다.

영아의 건강상태를 항목별로 체크하듯 프로그램 기획의 초기단계에 아이디어의 신선함과 독창성, 탄탄한 스토리 전개와 예측불허의 극적장치, 매력적인 소재와 보편적 주제들을 체크하거나 개발하는 시스템을 새롭게 만들어 내는 것이 방송의 'Apga score'라 생각한다.

그러한 시스템의 바탕 위에 개성 있는 Persona를 가진 배우와 Star가 가세하는 것이 일의 순리다.

물론 예술과 문학 같은 창작의 분야에선 시스템도 문제를 야기한다. 출생의 비밀과 혈연간의 어긋난 사랑, 불치병과 기억상실증 같은, 지금 한국 드라마가 양산해내는 Cliche를 도식적으로 만들어내는 구조적 시스템이 되어서는 안 된다. 한류를 즐기는 이방인들 중에도 얼마 전부터 한국 드라마의 구태의연함을 입방아에 올리는 사람들이 훨씬 많아졌다.

"철학(논리)이 출발하는 곳에 예술은 끝나고 만다."는 옛 예술가의 경고가 있긴 하지만 도구(시스템)를 개발한 자 인류를 지배한 것처럼, 시스템을 개발하는 자 방송을 지배하는 시대가 개막되었다.

꽁따리 샤바라, 태권!

대중문화에 관한 한 우리 한국인은 늘 수입자였다. 제임스 딘과 마릴린 먼로, 마돈나와 마이클 잭슨을 열렬히 수입했던 기억과 "싸~랑해요, 밀키스!"를 외치던 홍콩 배우 주윤발의 얼굴을 아직도 우리는 생생하게 기억한다. 한국총각 배용준과 이병헌, 한국처녀 이영애와 최지우 앞에서 아시아 대중들이 열광하는 광경을 그래서 처음엔 모두들 믿지 않았던 것이다.

'한류'를 태풍에 비유한다면 이 강풍을 불러일으킨 나비의 날갯짓 하나를 나는 작곡가 김창환*으로부터 들었다. '97년 말, 김창환은 묘하게 생긴 사내 2명을 데리고 일본으로 향했다. 그들의 이름은 '구준엽'과 '강원래'.

두 사내, '클론'의 꿍따리 샤바라를 접한 일본의 연예계 실력자들은 눈이 휘둥그레졌다. 구준엽의 대머리와 강원래의 집시 장발이 만든 페르소나와 경쾌한 노래와 춤은 세상을 경악시킬 만했다.

그들은 백지수표라도 내줄듯 당장 계약을 하자고 머리를 조아렸고 김창환은 자신의 육감이 맞았음을 눈치채고 후지산을 바라보며 마음속으로 외쳤다. "꿍따리 샤바라! 라라라."

그날 일본 연예계의 대모는 정말 백지수표를 내놓으며 김창환에게 한 가지 조건을 제시했다. "일본말로 노래를 불러야 합니다!" 그 얘길 듣자마자 작곡가 김창환은 말했다고 한다. "마이클 잭슨을 일본말로 노래를 시키시면 클론은 일본말로 춤도 추겠소!"

호텔로 돌아온 세 사내는 당장 짐을 쌌고 다음날 타이완으로 날아갔다. 그 후 그들은 타이완과 홍콩 젊은이들을 '태풍'처럼 휩쓸어 버렸고, 총통선거에 나선 '천수이벤'은 캠페인 송으로 '꿍따리 사바라'를 채택해 타이완의 10대 총통이 되었다. 꿍따리 샤바라!

그로부터 7년이 흐른 2004년 4월, 일본 하네다 공항엔 사상 초유의 교통마비 사태가 발생했다. 배용준을 보기 위해 몰려든 5천여 명의 아줌마들이 '욘사마'를 외쳤고, 그 희대의 사건은 '한류'의 도화선에 불을 붙이는 계기가 되었다. 이것이 내가 아는 '한류'에 얽힌 탄생의 전설이며 역사다.

5천년 역사에서 우리 문화상품이 나라 밖에서 태풍을 일으킨 적은 또 있었다. 세계 곳곳에서 불었던 태권도 열풍이야말로 우리 역사 초유의 한류였다.

유럽과 아프리카, 남미까지 전파된 우리의 문화상품 태권도. 푸른 눈의 어린이들이 태극기 앞에서 태-권!을 외치며 주먹을 뻗었고, 어두운 뒷골목에서 태권 폼만 잡아도 무서워서 도망가던 시절이 있었다. 외국 대통령 경호실과 육군사관학교와 연방경찰학교에서도 힘차게 발차기를 하던 '태권도'는 코리아의 대표 브랜드였다. 하지만 우리 것의 소중함을 스스로 인식하지 못하는 사이에 태권 기합소리는 지구촌에서 작아져 가고 말았다.

나는 지금도 1998년 스페인 마드리드의 한 호텔에서 본 TV 쇼 프로그램을 잊지 못한다. "Everybody love kungfu fighting"이란 팝송을 부르는 가수 뒤에서 백댄서들이 태권도를 하고 있었다. 중국무술 쿵푸의 백댄스로 전락해 버린 우리 태권도. 지금이라도 우리의 무술을 세계무대에 다시 우뚝 서게 할 수는 없는 걸까. 레디 고! 태권도. 레디고! 드라마.

* **김창환**은 신승훈의 날 울리지 마, 김건모의 핑계, 잘못된 만남, 박미경의 이브의 경고, 엄정화의 몰라, 홍경민의 흔들린 우정을 만든 작곡가이다. 그가 작사 작곡한 '꿍따리 사바라'의 후렴구 '꿍따리 사바라 우우우'는 송강 정철이 창조해낸 후렴구' 얄리얄리 얄랑성 얄라리 얄라'에 비견할 천재적 발상이라 생각된다.

날계란을 깨 마시고

날계란 하나를 깨 마시고 나는 약속장소로 향했다. 구청에서 하는 '아버지 합창단'에 가입하러 가는 길이다. 이미 전화로 단장님의 허락을 받아놓았다. 퇴직 후 소일거리를 장만해 놓아야 한다. 요리 학원도 등록하고 컴퓨터 공부도 시작하고 오랜 세월 가슴에 품어 왔던 미술학원도 다닐 것이다.

날계란을 까먹는 순간 서머싯 모음(Somerset Maugham)의 소설 '인간의 굴레'가 생각났다. 목사인 주인공의 큰아버지는 주일날 설교 전에 꼭 날계란을 깨 마시고 강대상에 올랐다. 주인공 어린 필립에게도 그 모습은 꽤 우스꽝스러웠던 모양이다. 정말 달걀을 깨어 마신다고 목소리가 좋아지기는 하는 걸까.

구민회관에 들어서니 이미 연습이 시작되었는지 복도 저 끝에서 노랫소리가 들린다. 강당 문을 살짝 열고 방해가 될까 봐 우선 가까운 의자에 앉았다. 무리 앞에서 지휘를 하며 나를 흘낏 본 저이가 단장이리라. 그를 중심으로 40여명의 사내가 뒷모습으로 들어 본 적 없는 노래를 합창 중이다. 지휘하는 손이 빨라지다가 마음에 안 차는지 스스로 크게 노래를 부른다. 합창이 뚝 멈춘다. 침묵~침묵~멈췄던 합창이 다시 시작되고 내 귀엔 사내들의 목소리가 좀 커진 듯하다. 또 뭔가 부족한 듯 지휘자의 팔뚝 힘줄이 곤두서고 호통치듯 손길이 빨라지는데 갑자기 내 가슴이 두근거린다.

나는 벌떡 일어나 문으로 향했다. 뒤에서 누군가 부르는 듯했지만 못 들은 척 얼른 강당을 빠져나와 도망쳤다. 차를 타고 밤길을 달리다 보니 회사 근처에 와 있다. 옆에 여의도공원이 보인다.

차 안에 멍하니 앉아 있으니 다시 강당의 장면 장면이 스멀스멀 떠오른다. 나는 어찌하여 그곳으로부터 도망쳐 나왔던가? 머리가 허옇게 세고 어깨가 축 처져 있던 40여명의 사내들. 그들이 부른 노래가 무엇이든 간에 내게는 '노예들의 합창'일 뿐이었다. 희미한 불빛 아래 우울한 색깔의 옷을 걸치고 영혼이 빠져나간 모습으로 노래를 부르던 그들은 막다른 저승길목에 주저앉아 죽음을 앞두고 넋두리하는 육신들 같았고 지휘자는 그들을 향해 힐난의 춤을 추는 저승사자 같았다.

요즘 들어 빈번이 마주치는 영상이 있다. 전철을 타면 노약자석에서 조금이라도 멀리 떨어지려던 나, 거리에서 퇴직한 선배를 마주치면 불현듯 방향을 돌리던 내 시선. 그뿐이랴, 나를 발견한 젊은 후배들이 슬그머니 다른 방향으로 흘러가던 충격적 장면. 오늘 그 클라이맥스를 만나서 나는 부랴부랴 강당으로부터 줄달음을 친 것이었다.

그 후 한 달이 지났다. 지금 나는 사무실 밖으로 여의도공원을 내려다보고 있다. 산보하거나 열심히 조깅하는 사람들, 한쪽에선 촬영하는 무리도 보인다. 옛날 드라마를 찍으러 파고다공원으로 달려가던 일이 생각난다. 극중에 노인 이야기가 나오면 돈 안 주고 엑스트라를 동원할 수 있던 곳이 탑골공원이다. 그때는 그들의 옷차림과 굽은 어깨, 얼굴 위의 주름살과 검버섯, 분장 없이 인생을 적나라하게 보여주던 값진 흔적들이 정겨웠다. 그 늙음과 낡음의 증표들이야말로 내 드라마를 살아 있게 하는 보석이며 빛나는 훈장이라 입에 침이 튀게 칭송했었다.

한 달 전 구민회관 줄행랑은 직업인으로서 얻은 낡음과 늙음에 대한 지혜와 경애를 내팽개친 도망질이다. 낭만적 낡음이 품고 있는 그 안온과 순리를 망각한 우둔한 자의 배반이다. 컴퓨터에서 '부에나비스타소셜 클럽'의 음악 〈Chan Chan〉이 흐른다. 쿠바 할아버지들의 낡은 목소리가 이렇게 정겨울 수가 없다. 그 낡음 속에 삶의 섭리가 있다. 나는 오늘 집으로 가서 날계란 하나를 힘껏 깨 마시고 다시 합창단으로 달려갈 것이다.

4장

드라마 PD 구보 씨의 하루

구보씨를 양자 삼으며

〈PD저널〉에서 블로그 하나를 건축해 주었다. 집 명패를 '드라마 PD 구보'로 하려 한다. 아시다시피 '구보'를 창조하신 조물주랄까 창조주는 소설가 '박태원' 선생이시다. 선생은 1934년 《소설가 구보씨(氏)의 1일》이란 단편을 통해 그를 이 땅에 태어나게 했다. 작품으로는《천변풍경》《갑오농민전쟁》 등 장편과 《딱한 사람들》《전말》《비량》 같은 단편들이 있지만 월북작가인 관계로 애석하게도 우리에게는 잘 알려지지 않은 면이 많다.

박태원 선생의 구보씨를 양자로 들여 튼실하게 키우고 우리에게 전승해 주신 분은 이 시대 대표적 소설가 '최인훈' 선생이시다. 《광장》으로 상징되는 선생에 대해서는 구차한 설명이 필요 없겠지만 어느 평론가는 선생의 문학자체를 '거대한 사유운동의 자식'이라 평한 바 있다. 선생은 1969년 《소설가 구보씨의 일일》이란 연재소설을 통해 박태원의 구보씨를 입양해서 씨답게 키워 오신 구보의 어머니 같은 분이다.

두 분이 낳고 키우신 구보씨로 말하자면, 내게는 길라잡이면서 길동무 같은 인물이라 정의하고 싶다. 소시민인 나의 볼품없는 자화상을 대신 둘러매고서 내 옆에서 함께 인생길을 동반해 주는 사람이라 하고 싶다. 그는 과묵한 사람이다. 그러나 길을 가다 간혹 중얼 중얼 내뱉는 말 속에는 시대의 통념을 깨트리고 새 길을 제시하는 '씨알'이 들어있다. 그의 씨알을 곱씹으면 겨자씨만큼일망정 내 생각의 키가 큰다. 그래서 그는 나의 멘토이며 또 만만한 동무 같은 사람이다

내가 '구보' 씨를 전승하기로 한 것은 인간 구보에 대한 흠모와 애정이 최우선이겠지만, 그 못지않게 최인훈 선생에 대한 경외감 때문이다. 그는 소설가이기도 하지만 주옥같은 희곡을 남기신 연극쟁이고 또 내가 보기엔 철학자이기까지 하다. 나는 선생의 작품을 소설이기보다는 명상록으로 읽는다.

이런 차용이 일종의 오마주고 외경이긴 하지만 또 일종의 무례임을 모르는 바 아니다. 선생께서는 왠 '듣.보.잡'의 황당한 짓이란 말이냐? 하실 것이다. 하지만 두 선생 모두 영화와 연극에 대한 남다른 애정을 품고 계신 분들이라는 점과 그 까닭에 드라마쟁이 나 같은 광대에 대한 사랑과 이해도 분명 클 거라는 믿음이 있다.

하지만 송구함과 두려움이 많다. 그 송구함을 갚는 길은 두 선생께서 만들어낸 소설가 '구보'씨의 향기를 드라마PD '구보'의 몸과

맘에 배게 하는 일일 것이다. 나는 두 분의 작품집을 내 책상의 좌청룡 우백호로 두고, 두고두고 낭독함으로써 향(香)을 피워 선생님들의 혼을 항시 내 곁에 모셔올 것이다. 그 영혼의 시선으로 이 마당, 모든 삶과 모든 사람들을 투철하게 바라보고 드라마 속에 녹이려 노력할 것이다. 이것이 두 분 선생께서 낳고 키우신 '구보'씨를 동무삼아 보려는 내 정신자세이다.

커피와 비자금

드라마PD '구보' 씨에게 경사스러운 일이 생겼다. 방송국 로비에 멋진 커피숍이 하나 들어 선 것이다. 그게 뭔 경사냐 하겠지만 커피광인 구보씨 입장에서 보면 경사도 예사 경사가 아니다. 첫째, 값이 칙할 정노로 싸다. 시중에서 3~4천원 넘게 하는 브랜드 커피를 단돈 1천원에 마실 수 있고, 거기다 5백 원만 더 보태면 갖가지 최고급 베리에이션 커피를 맛볼 수 있게 된 것이다. 쥐꼬리 월급쟁이인 그에겐 이 얼마나 경축할 만한 일인가 말이다.

언젠가 구보씨는 커피 한잔에 8천원 하는 곳을 간 적이 있다.

모처럼 가족과 함께 외식을 나갔다가 들른 홍대 앞 어느 커피숍이었다. 멋진 소파에 앉자마자 종업원이 내민 메뉴판을 본 순간 그는 숨이 턱 막히는 느낌이었다. 편안하던 소파가 바늘방석이 되고 아늑하던 커피숍이 창졸간에 한증막으로 바뀌는 듯했다. 커피 한 잔에 8천원! 호텔도 아닌 대학가 커피숍에서? 주위를 둘러보니 대학생으로 보이는 수많은 젊은이들이 땀 한 방울 안 흘리고 그 한증막을 즐기고 있었다. 구보씨를 더 숨 막히게 한 것은 오히려 그런 풍경이었는지도 모르겠다.

본말(本末)이 말본(末本)이 된 것이 작금의 세태이고 풍속이긴 하지만 커피 값이 저녁 값보다 더 비싼 황당함을 태연하게 소화해내는 젊은이들의 저 너그러움이라니! 하지만 체면에 약한 구보씨인지라 진퇴가 고민이었다. 이 커피를 마셔야 하나 말아야 하나. 그 순간 그를 구해준 것은 직업의식! 마치 업무상 급한 연락이 온 것처럼 얼른 전화기를 꺼내 큰소리로 "여보시오! 뭐라구?" 즉흥적으로 연기를 하면서 그 커피숍을 재빨리 탈출했던 것이다. 영문도 모르는 아내와 아들도 구보씨의 그 리얼한 즉흥연기에 감쪽같이 속아 어정쩡하게 따라 나서는 모습이 보였다. 밖으로 나온 구보씨, 정말 한증막에서 막 나온 것처럼 그렇게 시원하고 상쾌할 수가 없었다. 그런 이데올로기를 가진 구보씨이고 보니 단돈 1천원에, 그것도 회사 로비에서 고급 커피를 즐기게 되었으니 경사라도 겹경사가 아닌가 말이다.

커피 값으로부터 해방된 그는 행복했다. 낮아진 커피 값만큼 행복지수는 상승했다. 마치 누군가가 주머니에 용돈이라도 슬쩍 찔러주어 비자금이 늘어난 것 같은 착각이 들었다. 비자금 얘기가 나왔으니 말인데, 구보씨에게는 아무도 모르는 '비밀 자금'이 쬐금 있다. 가뭄에 콩 나듯 드문드문 생기는 강의료와 원고료, 아내가 매달 "쥐꼬리"에서 떼어주는 '쥐꼬리 털'만큼의 용돈을 절약해서 조성한 자금이다. 사실 말이 비자금이지 자금(資金)이란 말을 붙이기에는 소도 웃다 뱃구레 터질 액수다. 이런 생활 형편이니 커피값 싸진 것에 기쁘지 않을 수가 있겠는가. 커피값의 하락은 그의 생활에도 변화를 몰고 왔다. 구보씨는 매일 아침 출근 때마다 커피 한잔을 산다. 그리고 그 상큼한 향을 음미하며 로비를 가로질러 엘리베이터를 타고 유유자적 사무실로 향한다. 그때마다 구보씨는 즐거움이 모이면 행복이 되는 것 아닐까 하고 생각해 본다.

그날 아침도 구보씨는 커피잔에 코를 흥흥대며 로비를 가로지르고 있었다. 그런데 전에는 의식 못했던 강한 눈총이 콧등에 와 부딪치는 것을 느끼며 고개를 들었다. 순간 자신을 지켜보고 있는 수위 아저씨와 정면으로 눈이 마주쳤다. 겸연쩍어진 아저씨는 벌컥 목례를 했다. 구보씨도 마찬가지인지라 얼른 눈가에 웃음을 발라 인사를 건넨 후 엘리베이터로 향했다.

승강기 안에서 홀로 된 그는 과장스럽게 향을 흠뻑 들이마신 후 천장을 향해 내뱉어봤다. 근데 또 누군가 좀 전 아저씨처럼 자신의 우스꽝스런 모습을 직시하고 있다. 감시 카메라다.

이런! 이런! 장난기가 발동한 구보씨는 까치발을 하고 커피잔을 천장 카메라에다 빠짝 들이밀었다. "그림의 떡이지만 냄새라도 맡아 보슈." 그렇게 카메라를 희롱하던 구보씨 "아뿔싸" 하고 얼른 커피잔을 내렸다. 조금 전 로비에서 눈길을 마주친 그 수위 아저씨가 떠올랐기 때문이었다.

생각해보니 하루 종일 커피 향을 맡으며 서 있는 것. 그것은 일종의 고문일 수 있었다. 향이야 마취가 된다지만 종일 수많은 사람들이 커피를 즐기는 모습을 지켜보며 서있어야 하는 자의 고통은 얼마나 클까 싶은 생각이 들었다.

"그래, 내가 나선다."

기껏해야 1천 원짜리, 매일 쏠 것도 아니고 간혹 간혹, 추석이나 설, 혹은 크리스마스나 불탄일, 단오나 밸런타인데이. 그래봐야 1년에 몇 번이겠는가 말이다. 마누라 모르는 비자금도 있는데 그쯤이야 시쳇말로 정말 껌 값 아닌가 말이다.

"그래, 매일 아침, 구보가 쏜다."

구보씨는 아무도 없는 엘리베이터 속에서 카메라를 향해 마치 하느님에게 약조하듯, 신부님에게 고해성사하듯 중얼거렸고 다음날 아침 즉시 실행했다. 그는 커피 두 잔을 사서 손사래를 치는 수위 아저씨에게 한잔을 안겼고 다른 한잔의 그윽한 향을 만끽하며 사무실로 올라왔다. 그날따라 커피향은 더 구수했고 맛 또한 더 우아하게 느껴지기까지 했다.

그날 점심 때였다. 동료들과 함께 로비를 나가는데 그 수위 아저씨가 유독 구보씨 쪽으로 눈길을 주며 거수경례를 했다. 구보씨도 엉겁결에 손을 올려 응답했다. "허! 커피 한잔에 웬 거수경례까지" 하지만 마음은 커피 두 잔을 되돌려 선물 받은 느낌이 들 정도였다.

구보씨는 다음날 아침 답례로 커피 한잔을 사서 안내 데스크로 갔더니 아저씨와 함께 다른 아저씨가 서 있었다. 본의 아니게 커피 한잔을 더 대접한 그는 엘리베이터를 타고 카메라를 향해 말했다. "잔치 끝에 마음 상한다고, 단돈 천 원짜리 커피 한잔에 인심 잃을 일 없지." 그리하여 구보씨는 다음 날도 그 다음 날도 근무자가 바뀔 때마다 커피를 돌아가며 사기 시작했다.

근데 재미있는 일이 벌어지기 시작했다.

구보씨가 출퇴근 할 때 수위 아저씨들의 태도가 변해버렸다. 어떤 이는 거수경례를 했고, 또 어떤 이는 일어나서 인사를 했으며, 또 어떤 이는 그가 현관을 들락거릴 때마다 열 번이고 스무 번이고 간에 90노로 고개 숙여 인사를 했던 것이다. 그런 풍경에 로비에 와있던 외부 손님들은 그가 방송국의 웬 높은 사람이나 되는 줄 알고 힐끔거리기까지 하는 것이다. 구보씨로서는 처음엔 당황스럽기 그지없었다. 아니 커피 한잔에 왜 이런 일이 벌어지나. 하지만 마음속에서 괜히 신명이 나기 시작했다. 어느 날부터 그는 굳게 결심했다. 더 열심히 커피를 사기로, 더 열심히 비자금을 뿌리기로.

무릇 관행이란 이런 것을 두고 하는 말인가 보다.

구보씨는 하루 건너 하루씩 커피를 샀고 아저씨들의 고개는 더 땅을 향해 떨어졌다. 그 결과 관행이 관행을 낳았는데, 이제 그는 신분증 없이도 방송국 현관을 자유롭게 통과할 수 있게 되었다.

그뿐만 아니었다. 일주일에 한 번씩 있는 차량 번호에 따른 비운행 날도 구보씨 자동차는 전혀 문제가 없었다. 오히려 아저씨들의 어서 오시라는 거수경례를 받으면서 출근하는 특권을 맛보게 된 것이었다. 즐거움이 모이면 행복이 된다고 생각하는 구보씨, 그는 요즘 즐거움이 쌓이고 쌓여 행복에 겨웠다.

그러던 어느 날이었다. 구보씨의 먼 친척 한 사람이 예고도 없이 방송국을 찾아왔다. 현관으로 내려가니 로비 저쪽 구석에 친척과 함께 사내 3명이 서 있었다.

"근처에 볼일이 있어 왔는데 시간이 어중간해서, 같이 온 양반들이 평생 방송국 구경을 못해봤대요. 수위들한테 물어보니 주민증 없이는 절대 출입이 안 된다며 얼마나 고자센지, 원?"

사전연락도 없이 나타난 친척이 반가울 리 없는 구보씨였다. 하지만 체면을 중히 여기는 그인지라 그냥 보낼 수는 없어서 수위아저씨에게 갔다.

분위기를 파악한 아저씨는 멀찌감치 다가오는 구보씨에게 평소보다 더 힘차게 거수경례를 부쳤다.

"주민증을 안 가지고 오셨다는데,"

"다른 면허증 같은 것은 없습니까?"

"예, 그런 모양인데요."

"허참. 뭐 그렇지만 감독님 손님이라면 해드려야죠. 제가 알아서 처리할 테니 바쁘실 텐데 일 보세요."

아저씨는 다시 거수경례를 한 후 먼 친척과 세 사내를 마치 자기 친척인 양 친절하게 모시고 드라마 스튜디오가 있는 복도 쪽으로 서둘러 갔다.

구보씨는 행복했다. 아니 의기양양해졌다. 그는 그들이 사라진 뒤 보무도 당당하게 커피숍으로 가서 커피 두 잔을 사서 한잔은 수위 아저씨 탁자 위에 놓은 후 엘리베이터를 탔다. 그는 감시 카메라와 커피잔을 번갈아 노려봤다. 그리고 큰소리로 말했다.

"잘났어, 정말!"

사무실에 올라오니 동료들이 TV 앞에 큰 무리를 이루고 있다.

무슨 큰 사건이 터졌을 때의 풍경인지라 구보씨는 커피를 든 채 동료들 쪽으로 향했다. 마침 TV엔 어떤 사내가 나와서 국내 최대 재벌그룹이 '떡값'이라는 이름으로 국회의원, 판검사, 정부 고위 관리, 언론인 등 사회 지도층 전반에 엄청난 비자금을 뿌려왔다는 폭탄선언을 하고 있었다. 그는 전직 검사 출신으로 그 재벌그룹 중역으로 일한 바 있으며 지금은 변호사로 활동하고 있는 사람이었다. 사내는 불법 조성된 비자금의 규모가 수천 억에서 일조 원에 가깝다며, 그 돈이 관행적으로 우리 사회 곳곳에 어떤 방법으로 뿌려졌는지를 아주 구체적으로 설명하고 있었다. 기자 회견장에는 가톨릭 신부들이 그를 둘러싸고 서 있었고, 그는 '부패한 재벌 권력의 궤멸까지는 못가더라도, 우리 사회의 건강성을 회복하는 기회가 되기를 바라는 마음'에서 양심선언을 한다고 밝혔다.

커피를 든 구보씨는 동료들 사이에서 슬그머니 빠져나와 창문 쪽으로 발길을 옮겼다. 갑자기 가슴이 답답해졌다. 창밖으로 펼쳐진 빌딩 숲. 그 숲속에 조금 전 그 재벌 그룹에서 짓는 초고층 빌딩 하나가 하늘 높은 줄 모르고 구름 속으로 솟고 있는 모습이 눈에 들어왔다. 구보씨는 그 순간 언젠가 보았던 개기일식 때처럼 태양이 사라지며 온 사위가 시커멓게 변하는 느낌을 받았다. 현기증을 느낀 그는 손에 들고 있던 커피잔을, 한 모금도 마시지 않은 커피잔을 옆에 있는 쓰레기 통에 아무도 모르게 던졌다.

우리 시대의 교주

드라마 PD 구보씨는 어느 날 TV를 보다가 자신도 모르게 불쑥 욕을 하고 말았다.

"에익. 신가놈!"

"신가 놈!"이란 소설 쓰는 구보씨가 세상에 화낼 일이 있을 때 내뱉는 '욕'이다.

그 소설가 구보씨의 말을 빌리자면 "신(神)이란 자가 이 세상을 만들었다 하니, 이 땅에 원통한 일이 횡행하면 그것은 세상을 만든 그 '신가'(神哥) 책임"이라는 것이다.

그래서 이 판 돌아가는 게 너무 어이가 없을 때, 그는 "에익, 신가 놈!" 하고 책임자에게 분통을 터뜨린다고 했다.

드라마 PD 구보씨도 어느 날 소설가 구보씨와 똑같이 "에익 신가 놈!" 하고 욕을 한 것이다.

이유는 저 강남에 사는 아주 고약한 어느 목사 때문이었다. 그는 한 달에 몇 천만 원씩의 월급과 생활비를 받으면서도 국가엔 세금 한 푼을 아니 낸다는 것이었다. TV에 나온 그의 집은 수십 억 원은 될 듯한 대궐이었고, 타고 다니는 자동차도 수억 원짜리 최고급 외제차였다. 그런 사람이 하물며 자신이 발 붙이고 사는 이 땅에 세금 한 푼을 아니 낸다니, 뉴스를 보던 구보씨는 자신도 모르게 '에익, 신가 놈!' 하고 소리를 질렀던 것이다.

따져보면 목사가 받는 그 돈들은 대부분 신도들이 내는 '십일조'일 것이다.

십일조란 무엇인가? 우리가 익히 알고 있듯이 종교집단에서 '세금'을 부르는 별칭이다. 우리의 세속적 표현으로 하자면 구보씨 같은 월급쟁이에게 부가되는 '근로소득세'에 해당한다고 할까?

세금이란 무엇인가? 한 국가나 집단이 유지되기 위한 바탕 아닌가? 근데 한 달에 수천만 원을 버는 신도가 단 한 푼의 십일조도 내지 않는다면 강남 목사님은 그를 신도로서 인정할까? 마찬가지로 한 달에 수천만 원을 버는 시민이 단 한 푼의 세금도 내지 않는다면 그가 국민 자격이 있는 것일까?

이치로 따지자면 종교 지도자들은 이 세상에서의 봉사와 희생 때문에 저 세상에서의 천국을 보장받아 놓은 사람들이 아니던가? 그런데 구보씨 생각으로는 그 목사는 이미 이 세상에서 천국생활을 하고 있다는 생각이 들었다. 더불어 자신의 고용주인 하나님에게 보상 받아야 할 천국을 신도들과 국민들에게서 가불했다는 느낌이 들었고, 그것도 '가불받음'이 아니라 '가렴주구'란 생각까지 들었던 것이다. 그런데 TV에 등장한 장본인은 부끄러워하기는 커녕 오히려 큰소리를 쳤다. 취재하는 프로듀서를 마치 설교하듯 나무라며 이상한 궤변으로 자신의 입장을 강변했다. 그래서 구보씨는 그의 '교주'인 신가(神哥)에게 "에익, 신가 놈"하고 욕을 했던 것이다.

구보씨는 그 탐욕스런 목사의 가당찮은 궤변을 듣다가 평소 기성종교에 대해서 비판적이며 이상한 교주님을 모시는 동료감독 한 사람이 생각났다.

구보씨의 동료 중엔 인류 역사상 최고의 스포츠맨으로 추앙받는 '타이거 우즈*'를 교주로 모시는 사람이 있다. 주변 친구들도 그의 '교주'가 '타이거 우즈'라는 사실을 누구나 알고 있다. 그에게 있어서 골프는 스포츠를 넘어서는 개념이며 깨우침을 얻기 위한 신성한 구도활동이다. 골프야말로 인간의 모든 활동 중에 육체적 정신적 능력을 가장 초인적으로 집대성해 바쳐야만 경지를 얻을 수 있는 신성한 창조행위라고 주장한다.

수많은 장르의 스포츠 스타들 중에서 '타이거 우즈'가 인류역사상 최고의 스포츠맨으로 추앙받는 이유는 골프의 그런 초인적 요소와 더불어 그가 골프를 통해서 보여주는 인간의 한계를 넘어선 입신적 경지 때문이라고 주장했다.

구보씨의 동료는 '교주'인 '타이거 우즈'가 시합을 하면 신새벽이라도 일어나 경기를 지켜본다. 마치 신도들이 새벽기도에 나가 설교를 듣는 자세로 그의 경기를 감상한다고 했다. 그에게는 '타이거 우즈'의 경기를 보는 행위가 예수나 석가의 설교를 듣는 것과 같은 행위다. 신도들이 목사나 스님들의 설교를 통해서 진리와 사랑과 지혜를 배우듯이 자신은 '타이거 우즈'의 골프경기를 통해서 진리와 사랑과 지혜를 배운다고 말한다.

더불어 우즈의 골프하는 모습을 보노라면 현실세계의 해결 불가한 문제에서 생기는 긴장과 갈등을 해소할 수 있다고 했다. 종교가 주는 구제와 축복과 해탈의 경지조차도 맛보게 된다고 궤변을 토한다. 언젠가 그는 '타이거 우즈'의 골프 스윙 속에서 '카라얀'의 지휘봉과 '이사도라 덩컨'의 춤사위 같은 지고의 예술성을 발견한다고 구보씨에게 썰을 풀기도 했다.

사실 구보씨의 동료만 그런 생각을 하는 것이 아닐 수도 있다.

간혹 '타이거 우즈'가 TV에서 게임하는 모습을 보노라면 골프장에 모여든 수많은 갤러리들이 그가 지나갈 때 마치 석가나 예수에게 그 시대의 무리들이 경배를 올리듯 두 손을 치켜들고 경배를 올리는 모습을 구보씨도 여러 번 목격한 적이 있었다.

그런데 그가 '타이거 우즈'를 '교주'로 모시는 더 큰 이유는 더 큰 곳에 있었다.

그는 이 시대 가장 많은 사람들에게 가장 많은 행복을 주고 있는 인물이 '타이거 우즈'라고 주장한다.

지구상의 2억이 넘는 골프인구 모두에게 ‘타이거 우즈’는 희망이고 전설이며 행복 이상의 행복을 주는 사람이다. 더불어 ‘타이거 우즈’는 지구상의 1천만 명 이상의 어린이와 청소년들에게도 희망과 꿈을 주는 사람이다. 정신적인 면에서, 또 물질적인 면에서 함께. 동료의 말을 듣고 구보씨가 자료를 찾아보니 골프황제 ‘타이거 우즈’는 지금까지 수천억 원의 돈을 세계 청소년들을 위해서 기부해 오고 있었다. 이런 기부활동 속에는 우리의 청소년들도 포함된다. 지난해부터 100여명이 넘는 한국의 청소년들이 ‘타이거 우즈’의 지원으로 미래의 꿈과 희망을 키우고 있다고 했다.

그것이 구보씨의 동료가 타이거우즈를 교주로 모시는 이유일 수도 있다. 그러나 그것만은 아니다. 물질적 은전으로 많은 사람의 마음까지 살 수는 없는 것이나

그러나 비록 갈릴리 바닷가에서 물고기 몇 마리로 신도들의 배를 채워주지는 못했어도, 비록 그가 염화시중의 미소로 제자를 일깨우지는 못했어도, 불세출의 골퍼로서의 기적 같은 업적과 또 인류에 대한 위대한 공헌으로 이 세상 수억의 사람들에게 꿈과 희망, 행복과 기원을 주고 있는 ‘타이거 우즈’.

드라마 PD 구보씨는 한 탐욕스런 성직자의 설교보다는 동료감독의 괴상한 궤변을 더 믿어주고 싶었다.

이 가치부재의 시대에 ‘타이거 우즈’ 같은 사람이야말로 ‘교주’라 불러도 이상할 게 없다는 생각이 불쑥 들었다.

* **타이거 우즈**는 현재 개인적인 여러 사정으로 어려움을 겪는 중에 있다. 빠른 회복으로 세상 사람들과 많은 청소년들에게 더 큰 희망을 주는 일이 계속되길 바란다.

맥주에 대한 아날로그와 디지털적 시각

더위가 꼭짓점에 이른 몇 해 전 어느 복날, 구보씨의 동료인 J감독은 한창 야외촬영 중이었다. 그날따라 분량이 더 많아 조급증이 더 났다. 영화판이면 일주일에 찍을 분량을 하루 만에 끝내야 했다. 그것이 영화노농과 방송노동의 차이점이다. 더위 때문에 NG는 더 많이 났고 NG엔 담배가 특효약이다. 그래서 대개의 감독들은 습관적으로 줄-약을 복용한다.

"이런, 아침에 산 게 벌써 빈 갑이야!"

짜증이 난 J씨는 담뱃갑을 휙 던지며 연출부 막내를 쳐다본다. 막내가 막무가내로 달려간다. 녀석의 뒤통수에 막무가내로 시위 하나를 더 당긴다. "어이! 맥주도 한 캔 사 와!"

중견배우 김개똥씨는 대사 네 마디 짜리 한 장면을 찍으러 서울에서 삼백리길을 달렸다.

촬영현장에 당도하니 바지를 둥둥 걷어 올린 J감독이 짜증스런 목소리로 "스탠바이~ 큐!"를 외치고 있다. 무리에게 다가가 "수고들 하십니다" 하고 도착 인사를 하는데 감독은 외면하듯 맥주만 벌컥 벌컥 마신다.

개똥씨는 무안하면서도 황당했다. 달랑 대사 네 마디 때문에 이 삼복더위에 수백리 길을 달려왔는데, 감독이란 자가 포옹은 못해 줄 망정 NG낸 사람 노려보듯 하니 말이다.

순간 또 NG가 난 모양이다. 감독은 소리를 지르고는 중얼거리며 맥주를 벌컥거린다. 그 모습이 예뻐 보일 리 없는 개똥씨, 생각 없이 한마디 중얼거렸다.

"촬영장에 NG야 다반사지, 그렇다고 감독이란 인간이 일터에서 술을 퍼마셔?"

그날 이후 J씨는 술꾼 감독으로 낙인이 찍혔다. 개똥씨가 나쁜 소문을 퍼뜨려서 그런 것은 절대 아니었다. 모든 소문이 그러하듯 문제는 각색한 참새떼들에게 더 많다.

참새 1 : 그 친구 요즘도 촬영장에서 맥주 마시나?

참새 2 : NG 나면 그 양반 열 식히는 덴 맥주가 최고지 뭐.

참새 3 : 한손에 술을 들고 큐~를 외친다며, 그 친구?

참새 2 : 요즘은 술이 들어가야 콘티가 되는 모양이던데.

참새 1 : 그럼 중독이란 얘기잖아.

그렇게 소문이 발갛게 익어가던 어느 날, 촬영을 끝내고 돌아온 J씨는 회사 복도에서 제작 간부를 마주쳤다. 그는 산적 꼴을 한 J를 보자마자 위로라도 해줄 듯 어깨를 감싸고 자기 방으로 데리고 들어갔다.

"자네 요즘 촬영 중에 술을 마시나?"

"예?"

"이 친구야. 촬영장도 일터야. 자네 술중독이야? 내 경고하는데 한 번 더 현장에서 술 마신다는 소문 들리면 그땐 알아서 하게. 나가 봐!"

구보씨가 J감독을 만난 것은 간부에게 급소를 맞은 직후다.

"선배 단도직입적으로 물어봅시다! 내 주량이 쐬주가 5병에 위스키가 2병이요. 촬영하다가 더워서 캔맥주 한두 통 마시는 게 술이요 음료요."

"선배도 알다시피 내가 주당이면 주당이지 주사가 있소, 술곤조가 있소?"

J와 술에 관한 추문은 오래 전부터 무럭무럭 자라왔고 언제부턴가 방송국 옆 주막집의 주요 안주거리로 회자되는 품목이었다.

"선배가 좀 문화적으로 풀어주소. 화두라 생각하고 풀어 봐요! 화두!"

묘한 화두를 건네받은 구보씨는 고민이었다. 소주라면 누워 떡먹기보다 쉽다. 아무리 술이 센 사람일지라도 소주를 음료수로 생각할 사람은 없으며 관습법적으로 소주는 만인에게 술이다.

그런데 맥주는? 구보씨는 동료 지시대로 문화적으로 문화적으로 화두를 굴려보았지만 엉키기만 엉켰다. 근데 퇴근길에 버스를 기다리는 구보씨 눈에 정류장 옆 시계점 안에 놓여있는 시계 두 개가 확 들어왔다.

이 시계를 보여주고 몇 시냐고 묻는다면 모든 사람이 9시 50분이라 말할 것이다.

디지털 시계는 시간을 직설적으로 제시한다. 9시 50분! 그것이 디지털의 사고방식이다.

만약 디지털적 사고방식을 가진 사람에게 '맥주가 음료수냐 술이냐?' 하고 묻는다면 답할 것이다. "맥주는 술입니다. 브리테니크 백과사전에 의하면 맥주는 4~6도 정도의 도수를 가진 알코올 음료이며 따라서 어떠한 경우를 불문하고 술입니다."

더 똘똘한 디지털맨이 있다면 그는 여기에다 더 디테일한 과학적 정의를 추가할 것이며 만약 회사 징계위원회에서 참여한다면 이렇게 주장할 것이다.

"촬영 현장에서 맥주를 마신 피고 J감독의 행위는 업무수행 중 음주를 한 것이 명확하므로, 사규 **조 **항에 따라 감봉 1개월에 처해져야 합니다. 더불어 그가 알코올 중독인지 아닌지를 검사해서 업무 배정시 꼭 참고하는 것이 인사 관리상 적합할 것으로 사료됩니다." 얼쑤!

이 아날로그 시계를 손목에 찬 사람에게 시간을 묻는다면 그는 두 가지로 말할 수 있다.

'지금 10시 10분 전인데요. 혹은 9시 50분인데요.'

그에게 맥주는 술인가 음료인가 묻는다면 역시 두 가지 답변이 나올 수도 있다.

"맥주는 술입니다. 그리고 맥주는 동시에 음료수입니다."

실마리를 이런 식으로 잡은 순간, 구보씨는 옛날 뉴욕에서 목격했던 한 장면이 드라마처럼 떠오르며 화두가 확 풀리는 느낌을 받았다.

10여 년 전쯤 뉴욕을 갔던 적이 있었다. 세계 예술의 지붕이라는 맨헤튼 곳곳을 둘러보던 구보씨는 한 공원에서 특이한 장면을 목격했다. 흑인 젊은이들이 정체를 알 수 없는 음료를 누른 종이 봉투에 넣은 채 마시고 있었다. 구보씨로 말하자면 먹을거리에 호기심이 많은 사람인지라 도대체 그 맛있는 음료의 정체가 궁금해 알아보니 맥주! 근데 웬 맥주를 비료 부대 속에 넣고 마시지? 사연을 캐보니 그 나라는 거리에서 술을 마시는 건 불법, 그래서 맥주를 꼭 종이 봉지에 넣고 마시는데, 아무리 마셔도 봉투에 싼 채 마신다면 취하지 않았다는 증거고 봉투를 떨어뜨리고 병 채 마시고 있다면 그는 이미 술에 취했다는 증거라는 것.

다음날 구보씨는 J감독을 찾아갔다. 그는 회사 앞에서 산 맥주

한 캔을 비료 부대에 넣어 불쑥 내밀며 말했다. "화두 풀렸어. 자, 앞으로 촬영장에서 맥주 실컷 마셔. 하지만 경고하는데, 이 봉투 떨어뜨리면 그땐 알아서 해!"

구보씨는 마치 간부라도 된 듯 큰소리를 친 후 자신의 손목에 찬 낡은 아날로그 시계에 윙크를 던지며 말했다. "디지털이 주인공인 시대, 조연인 너 아날로그의 소중함이여!"

농담을 삼킨 돌직구

지난 연말 대통령 선거가 끝나자마자 구보씨는 농담 한마디를 던졌다.

"이번 대통령은 두 '정희'가 만들었다. 한 '정희'는 하늘에서, 한 '정희'는 땅에서 도왔다." 주위 사람들의 웃음소리로 보아 그렇게 멋진 농담은 아니었던 모양이다.

9월 초 농담이란 말 한마디에 전국이 부글부글 끓어올랐다. "RO 모임에서 총기 탈취, 시설 파괴 같은 말들은 농담으로 나왔을 뿐이었다." 그 말조차 농담일 거라고 옹호하고 싶었지만 열 받은 사람이 너무 많아 입을 꾹 다물고 말았다. 구보씨 생각에 농담의 3대 원칙은 관련자가 웃을 것, 다수의 사람이 웃을 것, 재치나 풍자가 있으면 금상첨화다.

그즈음 검색어 1위에 오른 '농담'을 보며 체코의 노벨상 수상작가 밀란 쿤데라를 생각했다. 그는 〈참을 수 없는 존재의 가벼움〉이란 영화로 우리에게도 잘 알려졌는데 그의 소설 중에 〈농담〉이란 작품이 있다.

이야기는 주인공 루드빅으로부터 시작해 헬레나, 야로슬라브, 코스트카 등 4명의 인물 관점에서 전개 된다. 대학생인 루드빅은 자신이 좋아하는 여학생 마르케타에게 농담 몇 마디를 적은 사랑의 엽서를 보냈다가 낭패를 당한다. '낙관주의는 인류의 아편이다. 건전한 정신은 어리석음의 악취를 풍긴다. 트로츠키 만세!'

이 내용이 대학 공산당 학생위원회에 알려지면서 루드빅은 당과 학교에서 축출당하고 군대로 끌려가 탄광 노역에 동원된다. 농담 한마디에서 비롯된 괴력은 본인이 상상 못한 강력한 이미지를 만들고 결국엔 자신의 십자가가 되는 것이다.

구보씨가 기억하는 정치인 중에 농담으로 명성을 떨친 이는 단연코 윈스턴 처칠이다. 그와 정적 클레멘트 애틀리 노동당 당수와의 화장실 일화는 너무나 유명하다.

1940년 후반 대기업 국유화를 놓고 윈스턴과 애틀리는 의회에서 치열한 설전을 주고받았다. 말씨름이 너무 가열되자 잠시 정회가 선포되었고 처칠은 열을 식히려 화장실로 갔다. 하지만 애틀리도 화장실로 따라와서 옆자리에 서서 일을 보려하자 처칠은 황급히 다른 자리로 옮겼다. 그 모습을 본 애틀리 의원이 놀리듯 처칠 쪽으로 다가가며 물었다.

"윈스턴, 내가 그렇게 싫소?" "싫어서가 아니요. 당신은 큰 것만

보면 국유화하려 드니 겁이 나서 그럽니다."

구보씨 생각엔 버락 오바마도 처칠 못지않게 유머감각이 뛰어난 정치인이다. 그는 지난 대통령 경선 중에 위트 넘치는 농담을 많이 해서 좌중을 웃게 만들었다.

"나는 하버드 대학 박사 학위를 하나 가지고 있습니다. 사실 그건 내가 속물(snob)이라는 증표지요. 그런데 여러분 내 경쟁자인 롬니 후보 아시죠. 그는 하버드 대학 학위를 2개나 가지고 있답니다."

요즘 구보씨는 주위에 농담다운 농담이 사라져버렸다고 생각한다. 그놈의 돌직구인지 뭔지 때문이다. 해학(諧謔)[1]과 풍자(諷刺)[2]와 골계(滑稽)[3]의 씨앗인 농담 대신 돌직구라는 녀석이 기승을 부린다. 농담을 구사하려면 제법 머리를 써서 앎을 응용해야 하는데 그게 어렵다보니 돌직구만 창궐한다. 이런 흉물스러운 돌직구를 던지는 대표 선수들은 정당(政黨)의 대변인이라는 자들이다. 그들의 성명서에서 단 한 번도 예리한 위트나 신랄한 풍자를 느끼지 못해봤다.

정치를 잘 모르는 구보씨는 대변인이 이름 그대로 정당의 입이 아니라 항문 역할을 하는 대변인(大便人)인 줄 예전엔 미처 몰랐다. 그들이 서로를 향해 싸지르는 똥 직구 냄새에 괴롭힘을 당하는 이들은 정작 자신들 아닌 국민들 아닌가.

드라마에도 농담이 필요하지만 구보씨 생각엔 정치에 농담은 필수과목이라 생각한다. 에이, 멋진 농담 대신 돌직구로 낄낄거림을 강요하는 '참을 수 없는 존재의 가벼움'이라니.

1) **해학(諧謔)** 익살스럽고도 품위가 있는 말이나 행동.
2) **풍자(諷刺)** 남의 결점이나 모순된 언행을 빗대어 비웃으며 공격함.
3) **골계(滑稽)** 익살을 부리는 가운데서도 어떤 교훈을 주는 일.

선배, You Lie?

버락 오바마(Barack Obama) 미국 대통령이 의사당에서 연설 중에 하원의원 한 사람이 "You lie(당신은 거짓말쟁이)"라고 고함을 질러서 미국에 난리가 났다. 구보씨는 신문에 난 대통령 뒷자리에 앉은 하원의장 낸시 펠로시 할머니의 놀란 표정을 유심히 보았다. 충격이 크긴 컸던 모양인지 놀란 토끼눈이 따로 없다.

국회의원에게 받는 충격으로 말하자면 태평양 건너편 우리 한국인이 더 클 것이라 구보씨는 생각한다. 몸싸움, 단상 점거, 야유와 욕설에 지금은 공중부양과 최루탄까지 등장했다. "You lie"라는 말 한마디에 미국인들이 보인 반응은 우리 눈에는 '서일필에 태산명동'일 것이다.

구보씨는 재미있기도 하고 또 궁금하기도 해서 고함의 장본인 조 윌슨 의원의 홈페이지에 가 보았다. 거기 가면 열 받은 미국인들이 달아놓은 기기묘묘한 악성 댓글들을 만날 수 있으리라. 근데 결과는 싱거웠다. 죽일 놈. 살릴 놈. son of bitch 같은 입에 못 담을 욕설과 기상천외한 비방을 상상했던 그곳엔 쥐 한 마리 지나간 흔적 없이 평온했다. 두 나라 사이엔 의사당의 일하는 풍경만큼이나 인터넷 문화도 차이가 있는 것인가.

물론 아무 일도 없었던 건 아니다. 고함을 지른 윌슨 의원의 경쟁 후보 롭 밀러에게 하루 만에 40만 달러의 기부금이 들어왔다고 한다. 그가 모은 총 기부금은 기껏 4만 8000달러에 불과했다고 한다.

구보씨는 기왕 서핑을 나선 김에 정치인에 관한 음담패설을 모아 보기로 했다. 잠깐의 물(水)질에 재미있는 패설(悖說)들이 해녀들이 전복과 해삼을 담는 망사리에 가득 채워질 정도다. 가령 이런 것들이다.

'국회의원과 남편의 공통점' 내가 골랐지만 싫다. 바꾸려면 절차가 너무나 복잡하다. 아직도 자신이 사랑받고 있다고 생각한다.

'정치인과 마누라의 공통점' 돈을 좋아한다. 자기는 할 일이 너무 많아 바쁘다는데 늘 노는 것 같다. 꼭 누구 핑계를 댄다. '국민이 원해서' '남편이 좋아해서' 등등. 말로는 도저히 못 당한다.

'Good News!' 어느 날 대통령과 각료들이 국정을 논하기 위해 캠프 데이비드로 버스를 타고 떠났다. 그러나 절벽 길을 지나던 버스가 낭떠러지로 추락해 모두 병원으로 실려 가는 긴급 상황이 발생했다. 소식을 접한 기자들이 달려와 소리쳤다. "병원장님! 대통령을 구할 수 있겠습니까." 원장은 침통한 얼굴로 대답했다. "가망이 없습니다." 놀란 기자들은 물었다. "국무장관은 어떻습니까." 그는 고개를 저었다. "그럼 장관들은요. 장관들은 어떻습니까." 원장은 또 한숨을 쉬었다. "그럼 아무도 구할 수 없다는 겁니까." 그러자 병원장은 크게 말했다. "그렇지만 Good News도 있습니다. 나라는 구할 수가 있게 되었습니다."

강이 없는 데도 다리를 놓아주겠다고 약속하는 사람이 정치인이라지만 모든 정치인이 거짓말쟁이는 아닐 것이다. 구보씨는 얼마 전 국회의원을 하는 선배를 만난 적이 있다. 그는 어릴 때 소아마비가 걸려 장애인이 되었지만 당당히 지역구 선거에서 당선되었다. 가슴에 금배지를 달고 처음 등원한 날 그는 국회 본회의장 자신의 명패가 놓인 의원석에 홀로 앉아 살아 온 날들을 회상해 보았다고 한다.

가난했던 어린 시절과 장애 때문에 당했던 고통과 피를 말렸던 선거전. 그는 혼자 중얼거렸다고 한다. "아, 믿어지지 않는다! 나 같은 놈도 국회의원이 되나!"

선배는 열심히 의정활동을 했다. 회의엔 절대 결석하지 않았고 밤을 새워서 반드시 자료를 검토했다. 충심으로 국사를 논했고 동료의원들과도 사심 없는 토론을 벌였다. 그런데 배지를 단 지 두 달이 지날 무렵 회의를 하다가 문득 고함이 튀어나왔다. "아, 믿어지지 않는다. 저런 놈도 국회의원이 되나!"

구보씨가 선배를 만난 것은 그가 선량이 된 지 6개월이 지날 무렵이었다. 그는 중요한 입법을 논하다 오는 길이라고 했다. 물론 그날도 국회는 야유와 고함과 몸싸움이 난무했다고 했다. 회의가 끝나고 모든 의원들이 썰물처럼 앞 다투어 빠져나가는 모습을 보며 그는 또 생각이 스쳤다고 했다. "아, 믿어지지 않는다. 이러고도 나라가 안 망하나!"

구보씨는 저녁을 먹다가 선배의 멋진 유머와 재치에 박수를 치며 말했다 "역시 한국은 형님 같은 사람이 국회의원이 되어야 해!"

그런데 며칠 후 구보씨를 스치는 생각 '그 양반, 그날 얘기 인터넷에서 훔쳐와 거짓말한 건 아닌가.'

구보씨는 벌떡 일어나 국회를 향해 크게 외쳤다. "선배, You lie?"

여의도 풍경 — 약(藥)을 좋아한 광대(廣大)

드라마 판이 전쟁터 같긴 하지만 고통과 울음만 있는 곳은 아니다. 웃음과 행복이 강물처럼 흐르는 삶터이기도 하다. 구보씨의 대선배 중에 약을 좋아하는 감독이 있었다. 약이면 무슨 약이든 우신 먹고 보았다. 선배의 별난 성격을 익히 아는 배우나 스태프, 후배 PD들은 그가 보는 앞에선 절대 약을 꺼내지 않았다. 많은 배우와 감독들이 선배 앞에서 아내가 해준 비싼 보약(補藥)을 먹다 빼앗기기도 했고 심지어는 감기약을 압수당하기도 했다. 감기약이라고 펄쩍 뛰어도 "마침 잘 됐네, 나도 감기 끼가 좀 있어!"라고 했다.

구보씨의 선배님은 약(藥) 덕분인지 정력가란 닉네임을 달고 다녔고 수많은 히트 드라마를 만들어내며 항상 선두를 달리는 PD 중 왕 PD였다.

어느 날 사극(史劇) 녹화 중에 신인 여배우 한 명이 대사 맛을 못 살려 계속 NG를 냈다. 속이 상한 감독님은 10분 휴식을 선언한 후 연기지도를 하러 여배우 분장실로 달려 내려왔다.

"임마, 사극 대사를 그따위로 하면…"

방문을 벌컥 연 그는 머쓱해졌다. 20여 명 여우(女優)들이 조잘대고 있어야 할 방에 개미새끼 한 마리도 없었다. "허, 잔소리 할 줄 알고 다들 도망갔군!"

씁쓸하게 방을 나오려는데 어디선가 향긋한 냄새가 풍겨왔다. 돌아보니 뽀얀 사기그릇이 하얀 김을 솔솔 뿜어내면서 분장실 한 쪽 구석에 새색시처럼 앉아 있었다.

"어? 분장실에 웬 한약(漢藥)?" 감독님은 순간 눈이 휘둥그레졌다.

드디어 휴식시간이 끝나고 녹화가 다시 시작되었다. AD가 복도를 향해 "스탠바이! 스탠바이!" 고함을 질렀다. 동시에 여배우 분장실에서도 외마디 소리 하나가 터져 나왔다. "아니, 누구야! 도대체 어느 X이 홀랑 훔쳐 먹은 거야, 엉?" 40대 초반의 여운계 씨였다.

영문을 모르는 후배들은 서로 고개만 가로 저으며 어쩔 줄 몰라 했다. "아니, 운계야 왜? 지갑 없어졌니?" 마침 문을 들어서던 친구 사미자, 전원주씨가 놀라서 물었다.

"애들아, 어쩌면 좋니, 누가 내 약을 홀랑 마셔버렸다!" "너무 뜨거워서 식혀 먹으려고 화장실 좀 갔다 왔더니 글쎄 어떤 X이 감쪽같이 마셔버렸어!" 여운계 씨는 약사발을 어루만지며 울부짖었다.

"아니, 무슨 약인데 그렇게 난리야!" 곧 울음이라도 터질 것 같은 친구를 향해 전원주 씨가 투박하듯 물었습니다. "얘, 내가 그게 왔다 갔다 해서 월경 불순약을 다려 왔더니 그걸 어느 X이 홀-랑 마셨어!"

그 시각, 우리의 왕 감독님은 2층 감독석에서 우렁차게 외치고 있었습니다. "하이, 컷~! 컷~!"

약을 좋아한 PD는 〈용의 눈물〉 〈여인천하〉를 만든 그 유명한 김재형 감독님이다. 이젠 고인이 되었지만 그는 사실은 약보다는 드라마를 더 사랑한 진정한 드라마 감독이었다.

기록의 사나이

구보씨가 보기에 방송국은 1만 1000봉이 솟아 있는 금강산 같다. 볼수록 아름답고 신기하고 묘한 사람이 많다. 그 중 한 사람 '기록의 사나이'가 있다. 그렇다고 그가 올림픽 기록을 세웠다든지 방송 역사에 길이 남을 위업을 이룬 건 아니다. 기록하는 것으로 기록을 세운 사람이다. 드라마 감독이 되려면 선배 감독을 '오야지'로 모시고 6~7년 혹독하게 조감독(AD) 생활을 해야 한다. 드라마 만드는 노하우는 그런 수발을 하면서 어깨 너머로 배운다. 이런 도제제도는 1980년대 중반까지 존재했고, 그와 구보씨는 막내 세대였다. 선배는 그 시절 배우들에게 감독보다 더 유명한 조감독으로 통했는데 모든 게 기록 덕분이었다. 가령 감독의 '내일 새벽 6시 연습!' 명령이 떨어지면 조감독은 연락에 들어간다. 백주 대낮에 집에 있을 탤런트는 거의 없다. 휴대폰이 없던 시절이니 조감독은 퇴근도 못하고 늦은 밤 사무실에서 배우 집으로 전화를 건다.

여배우들이야 대부분 일찍 귀가하니 본인과 통화하기가 쉽다. 하지만 남자 배우들은 한밤중까지 친구들과 술 마시는 일이 다반사니 통화가 안 된다. 밤 12시가 가까워지면 어쩔 수 없이 가족에게 통보하고 퇴근을 하는데 다음날 꼭 사고가 발생한다. 배우 한 명이 늦게 나타나서 무조건 연락을 못 받았다고 잡아떼고 감독의 불호령은 모조리 AD에게 떨어진다. 하지만 기록의 사나이에겐 통하지 않는 짓이다. 선배의 전화를 지켜보면 드라마의 한 장면이다. "이순재 선생님 댁인가요. 저는 주말극 조연출 ○○○입니다. 지금 8번째 전환데 선생님이 계속 안 계시네요. 실례지만 누구시죠. 종로초등학교 3학년 2반 이개똥. 선생님과 관계는? 아들! 옆에 연필 있죠. 기록 좀 해주세요. 내일 새벽 6시 주말극 연습. KBS 별관 3층. 지금 메모하고 있죠. 저한테 메모한 걸 읽어보세요. 네 좋아요. 그걸 선생님 방문에 붙일 수 있죠?" 기록의 사나이는 자신도 통화 내용을 노트에 그대로 적는다. 만약 문제가 생기면 그 기록을 들이대니 발뺌은 원천불가하다. 선배가 진짜 빛을 발할 때는 감사(監査)를 받을 때다. 1년에 한 번씩 감사팀이 오면 조감독들은 감사실에 불려 다니느라 정신이 없다. 불법을 해서가 아니다. 가령 역사 드라마 〈용의 눈물〉에 모월 모일 말(馬) 12필 임대료를 지급했다. 감사관은 방송된 필름을 보며 "화면에는 말이 11필 밖에 없네. 한 마리는 어떻게 된 건가요?" 당황한 조감독들은 땀을 뻘뻘 흘릴 수밖에 없다. 하지만 기록의 사나이 앞에서는 감사관이 땀을 닦는다. "12

마리 나온 건 NG가 나서 못 썼습니다." 그는 NG 필름을 당장 대령해 12필이 질주하는 모습을 보여준다. "배우 연기가 안 좋아서 감독님이 NG를 냈습니다." 어느 해엔 감사팀이 작심하고 드라마 속 엑스트라 수를 세었고 부실한 답변을 한 구보씨와 모든 조감독은 경고 처분을 받았다. 하지만 선배만은 예외, 그의 노트는 난수표였다. '6월 6일, 노파 3, 노인 2, 40·50대 남 10명, 40·30대 여 20, 남아 8세 3, 여아 5세 2 출연' 하지만 구보씨의 선배는 드라마를 떠났다. 7년 고생 끝에 감독 데뷔를 했지만 드라마를 포기하고 어느 날 다른 파트로 가버렸다. 글쎄, 왜 떠났을까? 모든 것에 철저했고 치밀했고 정확했던 그가 떠난 후 구보씨는 곰곰 생각해 보았다. 기록에는 두 종류가 있다. 방어를 위한 기록, 공격을 위한 기록. 방어적 기록엔 내가 없다. 공격적 기록엔 내 심상에서 비롯된 생각과 상상들이 있다. 선배는 기록의 사나이였지만 엉뚱한 상상이나 심상을 기록하지는 않았던 것 같다. 창작이란 공격적 상상에서 비롯된다. 구보씨는 어젯밤 고바우영감과 고인돌영감이 왈순아지매 때문에 멱살 잡고 싸우는 개꿈을 꾸었고 잠에서 깨자마자 열심히 기록했다.

돌팔이 관상쟁이가 본 서울의 관상

드라마 PD를 오래 하다보면 관상쟁이가 되어간다. 새 드라마를 시작할 즈음엔 감독은 배우 사진을 화투장 손에 들 듯 펼쳐들고 몇날 며칠 좌고우면 노심초사한다. 등장인물이 어디 주인공 한두 명뿐인가. 왕자에 공주에, 포졸에 순경에, 기생에 마담에... 사실 감독에겐 배우 얼굴 쳐다보는 게 중요한 업무이고 노동이며 그런 노릇 한 20년쯤 하다보면 돗자리 없는 관상쟁이에 도달하게 되는 것이다. 그런 점에서 보면 드라마 PD 구보씨도 제법 관상쟁이가 된 셈이다.

세상 사람들은 캐스팅이 무소불위의 권력이라 생각하는 모양이지만 천만 만만의 말씀이다. 감독들이 여주인공 캐스팅 하는 모습을 지켜보노라면 애처롭고 안쓰럽다. 평생 함께 살 자기 색시 고를 때도 그 정도로 좌고우면하지 않았을 것이다. 또 기껏 마음에 들어 삼고초려 애걸복걸해도 결혼하고픈 배우의 얼굴대면도 어려운

게 요즘 연예계 풍경이다.

우리가 살아가는 도시도 드라마 PD 구보씨에겐 사람의 얼굴로 느껴질 때가 많다. 세계적 도시들을 다녀보면 그들은 사람처럼 각각의 관상과 느낌이 있다. 뉴욕은 뉴욕만의 개성 있는 얼굴을, 파리는 파리만의 특징을, 북경은 북경만의 골상과 느낌을 가지고 있다. 우리 서울도 자신만의 골상과 관상과 느낌이 있다. 북쪽의 북악산, 동쪽의 낙산, 남쪽의 목멱산, 서쪽의 인왕산이 가까운 울타리를 치고, 북쪽의 북한산, 동쪽의 용마산, 남쪽의 관악산, 서쪽의 덕양산이 바깥 외곽을 두르고 있다. 안쪽 네 개산을 '내사산'이라 하고, 바깥 네 개 산을 '외사산'이라 했다 한다. 내사산의 안쪽을 청계천이 흐르고 외곽의 동서를 한강이 가로질러 골상을 이룬다. 이 골상 위에 문명이 이룩한 마천루와 공원과 주택과 도로들이 만들어낸 윤곽이 서울의 얼굴이다. 하늘로 솟은 마천루는 재물운을 상징하는 바로미터며 울창한 공원들은 도시 정감을 재는 체중계가 될 것이다. 서울의 관상은 돌팔이 관상쟁이 구보씨 눈으로 보면 천혜의 미인임에 틀림없다.

이 미녀 서울의 화장술은 어떤가? 최근엔 도심공원도 만들고 한강도 다듬는 성형수술 끝에 더 많이 좋아졌다. 하지만 얼굴의 느낌을 만드는 화장엔 소극적이다. 도시는 자신의 얼굴을 집과 빌딩의 디자인과 색깔 그리고 도시 전체를 덮고 있는 간판으로 화장을 한다. 색깔과 간판은 도시의 얼굴을 화장하는 가장 중요한 화장품이다. 관상이 아무리 좋아도 느낌을 만드는 건 화장이니 드라마 주인공은 분장에 각별하게 신경을 쓰는 것이다.

구보씨가 생각하기에 서울의 화장 색깔은 지나치게 요란하고 강해서 어릿광대 얼굴처럼 보인다. 상점과 회사의 간판들이 가장 큰 요인인데 한국인의 성정과 성격을 엿볼 수 있을 정도다. 서울 도심의 간판을 보면 목소리 큰사람이 이긴다는 속담이 전염이라도 된 듯 시시각각 커지고 커져서 모두 거인나라 간판이 되었다. 간판의 디자인도 색채도 미녀 서울을 흠집 내고 품격을 떨어뜨리고 관상까지 해치고 있다. 구보씨의 생각엔 이쯤 되면 간판 크기에 비례하는 세금을 신설해야 하는 것 아닐까 싶을 정도이다.

나라의 품격을 자주 언급하는 요즘, 우리의 수도 서울, 미모에 관상도 좋지만 이런 화장술로는 세계무대 주인공이 되긴 아직 힘들지 않나 싶은 게 돌팔이 관상쟁이 구보씨의 결론이다.

탤런트의 임신

드라마 PD 구보씨가 방송국에 입사하기 전에 있었던 일이다.

연기를 갓 시작한 병아리 탤런트가 있었다. 그녀는 그 어렵다는 방송국 탤런트 시험에 당당히 합격했다. 이름 석 자가 방송국 벽에 붙던 날, 그녀는 너무나 감격스러워 펑펑 울었다. 그건 연기가 아니었다. 그 순간이야말로 스무 해 그녀의 전생애에서 가장 영광스러운 순간이었기 때문이다.

하지만 두 달이 가고 석 달이 가면서 그녀는 초조해지기 시작했다. 같이 입사한 동기 중에는 오디션을 했다느니 로케이션을 떠난다느니 하는데 그녀에게는 통 연락이 없었다. 그녀는 방구석에 쭈그리고 앉아 맞은편 거울을 쳐다봤다. 거울 속에도 미녀 하나가 맥없이 앉아 한숨을 쉬고 있었다. 그녀도 뭐가 불만인지 입을 삐쭉 내밀고 있다가 큰소리로 얘기했다.

"시켜만 줘 봐. 인물? 솔직히 이만하면 요즘 잘나가는 애들보다 빠질 거 없지 않아? 대사? 나 암기력 하난 짱이야!"

그 순간 전화벨이 울렸다.

"여보세요!"

"아! 여기 방송국인데요" "!!!????"

그녀는 쏜살같이 방송국으로 달려갔다. 조연출은 대본을 던져주며 연습과 녹화 스케줄을 자세하게 알려주었다. 자신도 모르게 90도로 꾸뻑 절을 한 그녀는 설레는 마음으로 화장실로 달려갔다. 하지만 대본을 펴보곤 깜짝 놀라고 말았다. 배역이 임산부, 그것도 9개월이나 된 배불뚝이 임산부다! 더 기가 막힌 건 대사라고는 단 두 마디뿐이다.

그녀는 기분이 확 상했다.

"아니 시퍼런 처녀가 웬 임산부! 대사도 이게 뭐야, 달랑 두 줄!"

S# 산부인과 병실

임산부 : "저 선생님, 저번 감기약 먹은 건 괜찮겠죠?"

그녀는 생각할수록 성질이 뻗쳤다. 주인공을 바란 건 아니었지만 그래도 첫 데뷔에 처녀도 아닌 임산부라니, 대사라도 많으면 몰라.

그녀는 속으로 외쳤다. "그래, 날 몰라주는 바보들에게 복수를 날리는 거야!"

그녀는 저녁도 먹는 둥 마는 둥 하고 대사를 외우기 시작했다.

"저 선생님, 저번 감기약 먹은 건 괜찮겠죠?" 그녀는 외우고 또 외웠다.

복수하는 마음으로. 보석을 몰라보는 돼지들에게 한 방 먹인다는 기분으로.

드디어 복수의 날이 왔다. 조명이 켜지고 스튜디오가 대낮처럼 밝아졌다.

리시버를 귀에 낀 조연출이 "스탠바이! 스탠바이!"를 외치며 바쁘게 돌아다녔다.

카메라가 설치되고 모든 스태프들이 그녀가 누워있는 병실을 에워쌌다.

"카메라 스타트!" 플로어 매니저(FD)라 불리는 젊은 사내가 스튜디오가 찢어지라 고함을 지르며 큐 사인을 보냈다.

동시에 의사역을 맡은 배우가 많은 간호사들을 대동하고 병실로 걸어 들어왔다. 다가온 의사에게 그녀는 열심히 외운 대사를 완벽하게 뱉었다.

"저, 선생님, 저번 감기약 먹은 건 괜찮겠죠?"

그런데 이상한 일이 터졌다.

스튜디오 천장에서 천둥을 치는 듯한 감독의 고함소리가 들려왔다.

"야 임마! 너 애는 어디 갔어. 임산한 년이 애는 어디 갔냐구우!"

사색이 된 조연출이 그녀의 홀쭉한 허리를 찌르며 빨리 의상실로 가라고 등을 떠밀었다.

그녀는 복도를 달리고 달렸다. 그 순간에도 감독이 외치던 소리가 귓전을 떠나지 않았다.

"저런 머저리 같은 놈! 임신도 안 한 년이 애 놓는다고 번듯이 들어 누워있어?"

"빨리 애 만들어오지 못해!"

그녀는 애를 만들기 위해 의상실을 향해 달리고 또 달려 의상실 문을 열고 소리쳤다.

"저 빨리 아기 좀 만들어 주세요! 아기 좀 만들어 주세요!"

저쪽 의상 창고에서 청소를 하던 할아버지 한 분이 어리둥절한 표정으로 나왔다.

그녀는 할아버지에게 달려가 손을 잡으며 애원했다.

"할아버지. 제발 저 애 좀 배게 해주세요!" "저 임신 좀 하게 해주세요. 네에 할아버지!"

안타까운 표정으로 할아버지가 말했다. "아가씨! 이 나이에 그런 재주가 나한테 있겠소!"

연기는 대사만 잘 한다고 되는 게 아니다. 구보씨는 생각한다. 세상사도 마찬가지일 것이다. 모든 게 준비되어야 모든 게 완성되는 법이다.

사랑으로 장난치기

구보씨에게는 옛날 대학시절 '사랑'에 관해 끄적거려 놓은 메모가 있다. 요즘 꺼내 봐도 제법 매력적이라 이게 자신의 아이디어인지 남의 것을 표절한 건지 걱정과 궁금함이 함께 존재한다. 이런 내용이다.

〈사랑이란 무엇인가? 혹자는 눈물의 씨앗이라 노래했고 혹자는 사랑은 눈으로 보지 않고 마음으로 보는 거라고 했다. 내가 알기로 사랑을 삼국시대 이두로 표기하면 ᄉᆞ량인데, 한문으로 하자면 '思量'이 될 것이다. 그러니 '사랑'은 곧 생각(思)하는 량(量) 이다. 만약 당신께서 지금 누군가를 사랑한다고 가정해보시라. 당신은 지금 그이를 생각하고 계실 것이다. 그 사랑이 얼마나 열렬한지를 알아보려면 그 사람을 얼마나 당신이 생각하고 계신지를 가늠해보면 대답이 나온다. 24시간 온통 그이 생각을 하신다면 당신은 온전히 그이를 사랑하고 계신 것이다. 아침부터 저녁, 또 잠자리에 들어서도 그이 생각이 난다면 그건 필연코 열렬한 사랑의 명확한 징표다. 사랑이 무어냐고 묻는다면 생각하는 량, 사량(思量)이다.〉

구보씨가 이 단상(斷想)을 만난 건 자나 깨나 이성에의 끌림에 들떠있던 젊은 시절이었다. 그 후 시간이 많이도 흘러서 지금은 구보씨 사랑바이러스에 항체가 생겨 더 이상 감염도 안 될 즈음인데도 다시 메모를 꺼내 들여다보니 옛 생각에 크게 변한 바가 없다.

사실 요즘에야 구보씨 자신이 어느 한곳에 생각을 모으려 해도 모여지질 않는다. 이젠 사랑바이러스가 소멸한 모양이다. 참 씁쓸한 일이다.

하지만 행인지 불행인지 요즈음 세상엔 사랑이 차고 넘쳐서 자고 일어나면 이곳저곳에서 쓰나미처럼 타인들의 러브스토리가 밀려든다. 모름지기 사랑은 속삭이는 맛인데 요사이는 떠벌리는 맛이 더 좋은지 '누구누구를 사랑한다'고 기자회견까지 하는 지경에 이르렀다. 인터넷이란 게 생겨서 '세상 풍문'에 고속도로를 개통해준 덕에 온갖 사랑타령들이 명절 때 몰려나온 차량들처럼, 홍수 때 떠내려 온 쓰레기마냥 주변에 널리고 쌓이는데 그 끝이 그지없다.

구보씨라고 세태에 뒤질 수는 없는 일이다. 남들이 열심히 '사랑'을 생산해 내는데 가만히 앉아서 보고 있을 수는 없는 그다. 구보씨도 열심히 궁리를 했고 최근에 묘책 하나를 얻어서 요즘 성실히 실천 중에 있다. 가령 친한 동료들과 점심을 먹으러 갔다가 식사 중에 맛있어 보이는 밀전병이 있으면 하나를 집어서 맞은편 여자동료에게 건네며 은근하게 묻는다. "이게 뭐라고?" 그녀는 고마워서 "어머, 밀전병요!" 하면서 받으려한다. 그럼 구보씨는 주위 사람들이 모두 쳐다보도록 밀전병을 높이 쳐들며 다시 묻는다. "이게 뭐라고?" 그러면 모두들 크게 합창이라도 하듯 "밀전병요!" 하고 대답한다.

그 순간을 기다렸던 구보씨, 그녀 접시에 밀전병을 우아하게 놓아주며 "이게 바로 사랑이라는 겁니다!" 라고 말한다. 웃음이 터져 나오고, 구보씨는 또 다른 음식을 들어 다른 동료에게 건네며 '이게 뭐라고?' 하면 사람들은 당장에 '사랑이요!'하고 외치게 되어있다. 이런 장난질이 반복되다보니 이제는 구보씨가 음식을 들기만 하면 모든 동료들이 "사랑!"을 합창한다.

얼마 전 한 식당 옆자리에서 다른 회사 사람들이 회식을 하며 "위하여!" "위하여!" 고함을 질렀다. 잠시 후 그 소리에 대응이라도 하듯 구보씨 쪽에서는 "사랑이요!"가 합창으로 울려 퍼졌다.

모임을 끝내고 구보씨 일행이 식당을 빠져 나올 때쯤 뒤에서 힘찬 합창소리가 들려왔다.

"이게 뭐라꼬?" "사랑요!" "이게 뭐라꼬?" "싸랑요!"

구보씨는 생각한다. '심심풀이 땅콩처럼 흔해빠진 이 시대의 사랑, 심심풀이로 장난이나 칠 일이다.'

TV는 밥통이다

텔레비전은 밥통이다! 옛 어른들은 삼시 세끼 밥만 축내는 바보 같은 놈을 나무랄 때 밥통이라 불렀다. 한때 지식인들은 TV를 사람 바보로 만드는 밥통이라 무척 비꼬았다. 그래서 일반 사람들조차 포섭되어 TV를 밥통이라 얕보기 시작했다

드라마 PD인 구보씨 눈에도 TV는 밥통이다. 그에게는 밥을 축내는 바보 '밥통'이 아니라 오히려 내게 밥을 주는 밥통이다. 돌이켜보면 텔레비전은 20년간 자신을 먹여살려 준 소중한 호구지기(湖口之器) '밥통'이었다.

요즘 이 밥통이 반란을 일으키고 있다. 한국 TV에서 나온 밥들이 이방인들의 입맛을 사로잡아 환호와 찬사를 보내고 있다. 한류(韓流)! 괄시만 받던 우리의 TV가 톡톡히 밥값 하는 이 상황, 구보씨는 어느 정치인이 썼던 칼럼 제목이 떠올랐다.

"똑똑한 PD 3명이면 나라 문화를 바꾼다."

사무실에 놓인 〈PD저널〉에 괴상한 제목의 이 칼럼이 구보씨 눈길을 사로잡았다. 허풍도 이 정도면 국보급이라 생각하며 고개를 절레절레 흔들었다. 필자를 보니 뜻밖에도 당시 신뢰받던 국회의원 홍사덕. 그의 허풍칼럼이 점쟁이 예언처럼 연출되고 있다. 똑똑한 PD 2명이 나타나 우리 사회 문화전반을 바꾸는 중이다. 한 명은 드라마 PD다. 그는 '한류' 열풍의 간판격인 〈겨울연가〉를 만들어 한국 대중문화의 위상을 나라 안팎에서 높였다. 이제 한류는 한국의 드라마와 배우에 대한 단순한 환호를 넘어 아세아 곳곳의 문화를 변화시키는 중이다. 한국 드라마를 틀어놓고 한국 라면을 먹으며 한국산 세탁기로 빨래를 하는 이방인의 모습은 문화충격이다. 이국 청춘남녀들이 한식으로 생일 축하파티를 열고, 한복 차림으로 결혼기념 비디오를 찍고, 훈민정음을 배우려 학원을 드나드는 풍경도 마찬가지다. 우리 밥통 TV가 이끌어낸 아시아의 한류풍속도이다.

나라 안의 시각도 변했다. 한국 드라마를 이웃나라 것을 베끼는 수준쯤으로 얕보던 시각이나 유치한 광대놀음으로 무시하던 지식인들의 언사도 많이 줄었다. 한 명의 대중예술인이 수십 명의 외교관 몫을 해내는 장면을 보면서 문화가 정치, 경제 못지않게 중요하다는 깨우침도 생겨났다. 똑똑한 PD의 더 큰 업적은 '21세기는 문화의 시대'라는 점을 전국민에게 깨우쳐 준 일이다.

또 한 명의 똑똑한 PD가 촉발시킨 변화도 혁명적이다. 그가 쫓은 것은 한 개의 '줄기세포'지만 그 본질은 '진실'이라는 세포였다. 결과는 놀라울 뿐이다. 그가 겨누었던 '카메라'는 '현미경'이 되어 한국 사회 모든 조직 속에 잠복해 있던 거짓부렁의 암세포들을 적나라하게 까발려 주었다. 우리사회에 유통되는 권위와 상식이 허구의 재화였음을, 부정직과 부도덕이 지하철만큼이나 구조적으로 잠행하고 있음을 갈파했다. PD가 쫓았던 '세포' 하나가 핵 분열하여 한국의 정치, 경제, 교육, 문화 등 모든 세포조직의 가치 체계를 처절하게 망가뜨리며 지금이야말로 새로운 가치 배양의 출발점이라 선언해 준 것이다. 이것이야말로 한 명의 똑똑한 PD가 이룩한 문화적 교훈이며 모든 국민이 밥통을 통해서 얻은 고귀한 영양가다.

다시 맞은 새해, 드라마 PD 구보씨는 소망한다, 어느 정치인이 말했듯 또 한 명의 똑똑한 PD가 나타나 우리 문화에 더 큰 돌풍을 일으켜주기를.

친구로부터의 편지

오래 전 구보씨의 친구 한 명이 미국의 동북부 지역에 위치한 클리블랜드로 이민을 갔다. 카메라맨이었던 그는 감각적이고 부지런해서 감독과 배우들 사이에 인기가 무척 많았던 친구다. 실력은 세계 모든 국가에 통용되는 국제 화폐. 그곳에서도 즉시 역량을 인정받은 그는 국제적으로 유명한 한 방송사의 카메라맨으로 취직이 되었다.

어느 날 그 지역에 유명한 록그룹 '핑크 플로이드'가 공연을 왔다. 다른 사건을 취재하던 친구는 공연 현장을 취재하라는 데스크의 갑작스런 명령을 받았다. 세렌디피티! 우연한 행운을 만난 구보씨의 친구는 속으로 쾌재를 부르며 현장으로 달렸다. 현장엔 공연을 보기 위해 몰려온 사람들로 인산인해를 이루고 있었다. 구보씨의 친구도 신명이 났다. 방송인은 사람이 많이 모일수록 신명이 더 나는 법. 카메라맨의 무거운 카메라는 솜처럼 가벼워지고, 감독의 큐소리는 관중 수에 비례해 더 커지는 법이다. 소위 이것이 '끼'라는 것이렷다.

얼쑤! 친구는 좋아라, 출입구 사무실로 달려가 취재요청을 했다.

진행요원은 신분을 메모하더니 티켓박스를 가리키며 표를 구입하라고 했다. 당황한 친구, 뭔가 영어가 잘못 됐나 싶어 정중하게 신분증을 보여주었다. 몰려든 인파로 바빠진 담당자는 손가락으로 티켓박스를 다시 가리킬 뿐 대꾸도 하지 않았다. 친구는 순간 열이 올랐다. 굽실거리며 '어서 옵쇼!' 해야 할 판에 표를 끊어오라니. 동양인이라 무시한다는 생각이 들어 방송사 로고가 찍힌 카메라를 들이밀며, I am a CNN reporter! 다시 큰소리로 취재 나왔다고 말했다. 그 친구도 큰소리로 명쾌하게 알아들었다며 티켓박스를 가리킨 후 자기 일을 계속했다.

'이놈 봐라? 한국처럼 촌지는 못줄 망정 표까지 끊어 오라고?' '가만, 이놈 이거 인종 차별하는 거야, 뭐야. 어디 두고 보자.' 한국 같았으면 상관에게 달려가 당장 멱살잡이를 했겠지만 친구는 30달러나 되는 입장권을 자기 돈을 주고 끊어 입장할 수밖에 없었다.

그런 씁쓸한 일을 당한 지 보름쯤 지난 어느 날, 취재를 마치고 돌아와 보니 책상 위에 낯선 소포 하나가 배달되었다. 봉투를 열어 보니 '핑크 플로이드'의 공연 기획사에서 보낸 홍보 감사 편지였고, 그 편지와 함께 그날 자신이 지불했던 입장료 30달러가 수표로 들어있었다.

친구의 가족들도 외국 생활에 적응하느라 늘 노심초사하기는 마찬가지였다. 영어가 능숙한 것도 아니고 그렇다고 그곳 문화를 잘 이해하는 것도 아니어서 늘 스트레스 투성이였다. 부딪치고 시행착오를 하면서 하나하나 배워 나가는 것이 유일최고의 방법이긴 했지만, 그러다 보니 가족 모두가 충격을 받는 날의 연속이었다.

그런 식구들을 위로할 겸 구보씨의 친구는 가족 나들이를 나가기로 마음을 먹었다. 아이들을 태우고 인적 드문 먼 교외로 나간 그들은 아름다운 숲길을 달리다가 마침 넓게 펼쳐진 큰 딸기밭을 발견했다. 딸기는 익어서 길손을 유혹하고 아이들은 그 빨간 유혹에 넘어가 차를 세우라고 아우성을 쳤다.

언덕배기 숲속엔 마치 동화에 나올 듯한 외딴집이 보였다. 친구는 그 아름다운 농가로 차를 몰아 딸기를 사러 달려갔다. 그런데 아무리 주인을 불러도 사람이 나타나지 않았다. 아니, 딸기가 진달래처럼 익어 이렇게 지천으로 만발하고 있는데 도둑이라도 들면 어쩌려고 아무도 없는 거야? 한참을 주인을 찾던 친구는 순간적으로 자신이 와 있는 곳이 한국이 아니라 미국이라는 생각을 했다. 그러자 그 생각의 꼬리를 물고 이런 생각 저런 생각들이 피어올랐다.

이 외딴집에 총을 든 흑인강도가 든 것은 아닌가? 혹시 백인 부부를 죽인 것은 아닌가? 저 집 안에 머리에 총을 맞고 피를 흘리며 주인부부가 죽어가고 있는 것은 아닌가? 잘못하면 먼 이국까지 와서 억울하게 살인범으로 몰리는 것 아닌가? TV를 통해서 보았던 이 나라의 무수한 드라마와 영화 장면들. 이런 저런 생각으로 모골이 송연해진 친구는 얼른 그곳을 뜨는 것이 상책이라 생각했다. 얼른 이 자리에서 도망가자. 괜히 억울한 살인 누명을 쓰고 〈쇼생크〉 감옥에서 죄 없이 죽어갈 수는 없다. 마침 밭고랑 사이에서 먹음직스럽게 익은 딸기 맛을 막 보려던 가족들은 달려온 친구에게 끌려서 그 집 마당을 돌아나왔다. 영문 모르는 식구들은 아빠의 굳은 얼굴을 보며 오늘도 또 뭔가 크게 사고가 났음을 느끼고 조용조용 따라 주었다.

친구가 가족들을 몰고 현관을 조심스레 나오다보니 대문 옆쪽에 작은 바구니가 걸려 있었다. 그리고 그 밑에는 주인으로 보이는 할머니 할아버지의 사진과 함께 다음과 같은 편지가 씌어 있었다.

'저희 부부가 갑작스런 일로 시내에 나가게 되었습니다. 딸기를 사러 오신 손님들께 대단히 죄송합니다. 손님들께서는 대문 위에 걸린 바구니에 딸기를 맘껏 따 드십시오. 그리고 한 바구니에 2달러를 놓고 가시면 됩니다. 다시 한 번 미안하다는 말씀을 드리며 좋은 하루되시길! 주인 올림.' 친구는 그날도 또 충격을 받아야 했다. 편지를 읽는 구보씨도 당연히.

구보씨, 바지 지퍼 열리다

구보씨가 점심 약속 장소로 가는 길이었다. 10여 미터 전방에서 갑자기 깔깔깔 웃음보가 터져 나왔다. 분명 비웃음 이상의 웃음색깔이라 얼른 눈을 들어보니 중년여자 다섯 명. 중년남자는 이런 상황에 마주치면 얼른 자신의 옷매무새를 살펴야 하는 법. 구보씨, 재빨리 바지 지퍼를 점검해 보니 완전 이상무! 그런데도 합창은 여전히 그치지 않는지라 노려보니, 어럽쇼! 그들은 머리에 '히잡'을 쓴 외국부인들이다. 얼마 전 우리의 용맹스러운 국정원 첩보 요원들이 국가와 국민을 위한다며 호텔방에 정보 도적질하러 들어갔다가 딱 들킨 인도네시아 아줌마들. 구보씨 회사 맞은편에는 인니대사관이 있다! 구보씨는 자신이 도적질하다 딱 들킨 기분이 들며 자신의 바지 지퍼가 활짝 열리는 느낌이다.

백주 대낮에 이런 낭패가 있나. 여자들은 보무도 당당하게 다가오고, 선배와의 약속에 늦을 순 없고, 구보씨는 망신을 감수하며 정면 돌파를 할 수밖에 없다. 얼핏 보니 오다가다 간혹 마주쳤던 안면 있는 얼굴이다. 눈길을 피하며 한쪽으로 게걸음질을 하는데 눈앞에 선연히 풍경 하나가 떠오른다. 주말이면 대사관 주변 앙카라공원에 수백 명의 인도네시아 젊은이들이 모여든다. 그들도 이 공장, 저 공장에서 이 도적질 소식을 접했을 것이다. 그들도 어이없어 소리를 질렀을 것이다. 그 소리를 배경음으로 그날 국가 정보요원들의 우스꽝스런 모습이 파노라마처럼 펼쳐진다.

호랑이같이 폼을 잡으며 호텔 복도를 침투하는 선글라스 낀 사내들, 주인이 나타나자 갑자기 꼬리 내린 강아지 꼴을 한다. 애당초 슈퍼맨처럼 마천루 숲을 나르는 모습을 상상하진 않았다. 제임스 본드, 맥가이버의 신출귀몰과 마법의 재주를 기대하지도 않았다. 〈아이리스〉 이병헌, 정준호처럼 잘 생기길 바라지도 않았다. 최소한 프로일 것이라고는 믿었다. 저잣거리의 좀도둑 같은 모습이라곤 상상하지 못했다. 구보씨 어릴 적 수박서리 나가는 벌거숭이들도 망보는 일은 최우선 아니던가.

녹봉과 기량이 균형을 이루지 못하면 프로가 아니다. 선글라스는 명품인지 모르지만 기량은 어처구니없는 아마추어였다. 하긴 그들만 흉볼 것도 아니다. 돌아보면 곳곳에 프로다운 프로가 없다. 국가정보요원들의 호텔 도둑질이 들통 나던 날 신문들은 '멀쩡한 저축은행 잡은 금융당국'이라는 기사도 대문짝만 하게 싣고 있었다. 우리네 금융전문가도 프로가 아니었다는 뜻이다. 정보전쟁, 금융전쟁을 치르는 전사들만 그러할까. 세계 최강이라는 전문가들이 3일 동안 못 찾은 천안함 함미(艦尾)를 찾아낸 이는 까나리 어부였고, 서민들이 하다 들켜도 낯 뜨거운 다운계약서를 대법관 후보자가 했다. 녹봉과 처신이 균형을 이루지 못해도 프로답지 못하다.

구보씨는 소태 씹은 심정에 입맛이 달아나버린 채 식당에 도착했다. 점심은 선배작가와의 약속. 들어서자마자 선배가 일갈했다. "대하드라마 근초고 주인공하는 배우가 속을 썩인다며? 왕건에서 왕건역, 이순신에서 이순신 같은 타이틀 롤을 맡으면 모든 조연과 스태프를 가신(家臣)처럼 여기고 스스로 베풀어야 그네들이 주군(主君)을 위해 헌신하지. 모두가 프로의식 대신 스타의식에 사로잡혀 벌어지는 추태야." 듣고 보니 방송 쪽도 아마추어이긴 매한가지구나. 설상가상 밥맛은 더 달아났다. 화제를 돌릴 겸 스승으로 모시는 원로작가의 근황을 여쭈었다. 작사가로 더 이름을 떨쳐 이름만 대면 국민이 다 아실 분이다.

'아~~ 신라의 밤이여 불국사의 종소리~~' '가랑잎이 휘날리는 전선의 달밤~~.' 이제 90줄에 들어선 대작가는 요즘엔 거동이 불편해 만남 자체를 사양하신다고 했다.

"얼마 전 부득부득 졸라서 선생님 동네 근처 식당으로 가서 점심을 했어. 허, 역시 선생다웠어. 점심 값을 내려고 카운터에 갔더니 아침 일찍 그 노구를 이끌고 나와서 예약을 하면서 이미 밥값에 팁까지 계산해 놓으신 거야."

"!!"

그 얘길 듣는 순간 구보씨 달아났던 입맛이 서서히 돌아오기 시작했다. '그래, 프로가 존재하긴 하는구나.' '선생님은 프로다. 원로 작가로서도, 또 큰 어른으로서도….'

구보씨는 얼른 맥주 한잔을 들이키며 추임새를 넣었다. 얼쑤~

대표작은 차기작이다

대표작을 물어보면 늘 "다음 작품이라!" 말했던 소설가가 누구였던가?

소설가 아닌 PD에게도 요즘 사람들은 대뜸 '대표작이 뭐냐'고 물어본다. 구보씨도 이젠 이력이 생겨서 그런 질문을 받으면 얼른 "차기작이 대표작입니다!" 하고 위기를 벗어나곤 한다. 방송사 드라마 PD란 직업은 대표작을 쫓는 추적자가 아니라 '차기작'에 쫓기는 도망자다. 그것이 현실과 이상의 법칙이다. 그럼에도 방송국 드라마감독 중에 이상을 포기한 자는 별로 없어 보인다. 그들은 모든 작품을 천하 명약을 만드는 명의마냥 아홉번씩 찌고 아홉번씩 말리는 '구증구포 (九蒸九曝)'의 자세로 쫓아간다. 프로를 맡기만 하면 대표작 쫓듯 하동지동 쫓아간다. 작품만 들어가면 감독들은 특이해진다. 지킬에서 하이드로 변절하는 사람도 있고, 두드러기를 달고 사는 사람도 있고, 이불을 싸들고 가출해서 회사 옆에 방을 얻는 이도 있다. 그건 가출이 아닌 '출가'며, 변절이 아닌 '변환'이라는 표현이 제격이다. 특이해짐은 어찌 보면 모든 창작 집단의 특징이고 속성일 것이다.

구보씨의 동료 감독들은 모두가 특이하지만 그 특이함 중에도 더 특이한 선배 한분이 계셨다. 그는 자신이 만든 드라마가 심의에서 불방판정이 나자 불복하고 잠적해 버렸다. 그가 만든 작품은 선우휘 선생의 소설 〈단독강화 (單獨講和)〉를 원작으로 한 TV문학관이었다.

'한국전쟁 중 낙오해서 산 속을 헤매던 국군과 인민군이 단둘이 마주친다. 처음엔 당혹과 두려움으로 서로를 경계하던 두 사람은 마침내 둘만의 단독강화를 맺고 동굴에서 함께 지내게 된다. 하지만 그 화평은 체제가 만들어낸 뿌리 깊은 불신으로 인해 마침내 균열되고 두 사람 모두 죽음으로 마감되고 만다.'

문제가 된 부분은 인민군과 국군이 풍기는 느낌이었다. 거친 세상살이를 하다 징집된 국군병사는 모든 걸 불신했고, 군에 갓 들어온 인민군 청년은 상대적으로 단순, 순진한 인간이었다. 당시의 2분법적 잣대로 보면 '착한 인민군'과 '안 착한 국군'으로 비춰지기 십상이었다.

감독의 의도는 북과 남이라는 고착된 2분법을 탈출해 인간과 민족에 대한 한 발짝 앞선 탐구 시도였지만 그 시절 잣대의 벽은 높았다. 당시의 정권과 언론의 법칙이었다.

감독은 불복해 사표를 내고 출근하지 않았다. 회사는 사표를 거부했다. 감독의 잠적은 길어졌고 회사의 거부도 길어졌다. 한 달, 두 달, 석 달.

그러던 어느 날 그가 했다는 말 한마디가 사람들의 입에서 입으로 전해져 방송국에 돌았다.

"회사가 방송을 않겠다면 제 퇴직금으로 그 작품을 사겠습니다."

작품에 대한 감독의 신념과 열정, 사랑과 겸손을 이 말보다 더 절절하게 표현할 수 있을까.

열정과 겸손에서 나온 신념과 사랑은 감동과 관용을 불러낸다. 삶의 법칙이다.

며칠 후 회사와 PD는 강화를 맺었고 그는 복귀했으며 〈단독강화〉는 1년 후에 방송되었다. 그 특이한 PD가 김홍종 감독이다.

그는 TV문학관 〈삼포 가는 길〉 〈사람의 아들〉 〈광장〉 〈소리의 빛〉 같은 수많은 대표작을 남긴 전설적인 드라마 PD다. 그가 만든 〈길 위의 날들〉은 방송계의 〈칸느〉라 불리는 'PRIX ITALIA' 대상(大賞)을 아시아인으로는 최초로 수상해 한국 방송사에 금자탑을 세웠다.

김홍종 감독에게 대표작이 뭐냐고 물어보면 그는 씩 웃으며 차기작(次期作)이라 말할 사람이다.

블랙코미디 〈나는 가수다〉

파문 : 〈나는 가수다〉는 7명의 기성 가수가 노래 경쟁을 해서 꼴찌가 탈락하는 서바이벌 게임프로였다. 심사위원은 스튜디오 현장에 착석한 노래를 좋아하는 일반대중. 첫 탈락자는 의외로 생각지도 못했던 김건모였다. 당황한 제작진은 참여가수들의 합의를 바탕으로 재도전기회를 주기로 했다고 발표했다. 원칙을 지키지 않은 결정은 일파만파 논란과 비판을 키웠고 담당PD는 전격 교체됐다.

드라마 PD구보씨가 볼 때 결과적으로 〈나는 가수다〉는 걸작이 됐다. 하지만 걸작으로 걸작이 된 프로그램이다. 기획이 좋았다. 가수가 범람하는 이 시대, 진짜 고수들을 한 무대에 불러올려 사생(死生)결단의 싸움을 시키겠다는 발상은 진취적이고 도전적이다. 뭐든 등수를 매지지 않고는 못 베기는 한국인의 심리코드를 지렛대로 삼은 것은 프로다웠다. 그러나 걸작은 걸작이로되 서바이벌 음악쇼가 아닌 코미디 걸작이 돼버렸다. 이 프로는 한국사회에서 어떤 일이 어떤 과정을 거쳐 어떻게 왜곡되고 결국 어떤 결과를 가져오는지를 적나라하게 보여준 다큐프로그램이다. 〈나는 가수다〉는 우리 사회에 '원칙과 룰'을 지키는 일의 중요성을 잘 일깨워준 가장 계몽적인 블랙코미디 프로그램이기도 했다.

구보씨가 볼 때 〈나가수〉는 승패를 가리는 싸움이었지만 모두 승자가 될 수 있는 프로그램이었다. 공연은 서서히 경연으로 변해갔다. 그들의 노래는 그들의 칼과 창. 가수 한 사람 한 사람 필살의 무기를 휘두르면서 무대는 용광로처럼 달아올랐고 무지갯빛이 피어올랐다. 7인의 소리꾼은 7인의 사무라이 같았다. 적은 내부가 아니라 그들 외부에 있었다. 이 시대 강호 무림에 떼지어 나타나 소리보다 몸짓을 앞세우고 기량보다 용모에 골몰하는 풋 가수 어린애들에게 진정한 고수의 내공을 보여주고 싶었을 것이다.

"나의 소리엔 혼이, 나의 노래엔 피와 땀과 눈물이, 우리야말로 진정한 가수다." 포효하고 싶었을 것이다.

시청자들은 고수의 혼과 혼, 칼과 칼의 부딪침이 빚어내는 '일요일 밤'의 불칼놀이를 즐기러 순식간에 무대 주위로 모여들었다. 구보씨도 그런 구경꾼 중의 한 사람이었다. 강호의 어설픈 소리꾼들은 긴장했고 7인 모두가 승자가 되는 듯했다.

하지만 마지막 순간, 탈락한 김건모를 다시 세우며 우리 사회의 일그러진 초상을 그대로 복제하고 스러져버리고 말았다. 원칙은 온데간데없이 사라지고 인정 앞에 우물쭈물하고 말았다. 구보씨가 볼 때 악인도 없었고 악의도 없었다. 평소 우리네가 살아가는 품과 꼴이 고스란히 펼쳐졌을 뿐이다. 우리가 사는 이 땅, '공정과 원칙'의 바퀴가 굴러가지 아니하니 광대들의 놀이판에서라도 소중하게 굴려야 하는 씁쓸한 시절이다. 드라마 PD 구보씨의 큰형 소설가 구보씨도 이 사태를 보면서 몹시 씁쓸해 했을 것이다.

홍몸부림이라 불린 사내

그의 별명은 '몸부림'이었다. 성(姓)이 홍씨인 선배는 그리하여 사람들 사이에서 '홍몸부림'이라 불리었다. 그는 몇 년 전 가을 현역에서 은퇴했다. 그날 30여년의 방송생활을 마감한 후 머리엔 백발을 얹고 몸은 아내가 미는 휠체어에 앉아 집으로 돌아갔다.

구보씨가 방송에 입문했을 때 그는 청춘을 휘날리는 사지 튼튼한 30대 중반의 명감독이었다. 광야에서 외치던 '큐' 소리도 그 어떤 감독보다 우렁찼다. 그러나 40대 초반, 드라마에 온몸을 바치다가 병을 얻었고 결국은 휠체어를 타는 장애인이 되고 말았다.

그 일을 당했을 때 구보씨는 속으로 생각했다. "얼마나 온몸으로 드라마를 만들었으면 '몸부림'이란 별호를 얻었을까? 얼마나 드라마에 몸부림을 쳤으면 휠체어를 타는 장애인이 되었을까!" 그의 몸부림은 드라마를 향해서뿐만 아니라 우리말을 향해서도 별났다.

구보씨에게 '몸부림 선배가 떠오른 건 신문 기사 속의 단어 하나 때문이다. 어느 기자가 아들 때문에 폭력사건을 일으킨 국내 굴지 재벌그룹 총수에 관한 기사를 보도하면서 이렇게 썼다.

〈이 재벌총수가 동원했다는 혐의를 받고 있는 조폭 오씨는 현재 전 부인과 아들(20)이 살고 있는 캐나다 밴쿠버에 머물고 있다. 한 원로 조폭은 "오씨가 전처와 성격 차이로 이혼했지만 만남은 유지해 왔다"며 "오씨는 이 폭력사건이 조용해지기를 기다려 적어도 1년 뒤에야 귀국할 것"이라고 말했다.〉 한국일보 2007. 5월. 25일자.

구보씨가 이 기사를 읽으면서 놀란 점은 한국 재벌그룹 총수의 사고 수준이었지만 그에 못지않게 놀라웠던 것은 기사를 쓴 기자의 국어 수준이었다. 이젠 조직폭력배에게도 '워로 (元老)'라는 경어를 부치는 시대가 된 것인가? 무릇 '원로'라 함은 벼슬이나 덕망이 높은 나이 많은 사람이나, 가치 있는 일에 오래 종사하여 공로가 있는 나이 든 사람을 일컫는 말이다. 구보씨는 혹시나 해서 얼른 국어사전을 찾아봤고 거기에도 그렇게 적혀 있었다.

만약 '몸부림' 선배가 이 기사를 보았으면 어떻게 반응했을까? 방송국 후배가 그 기사를 쓴 장본인이라면 휠체어를 타고 달려와 종주먹을 쥐며 "당신, 제발 집안 망신 좀 그만 시키라."고 눈을 부라렸을 것이다.'

'몸부림' 선배는 드라마에서 잘못된 우리말을 쓰면 몸부림을 치면서 꾸짖었던 유일한 사람이다. '당사자'와 '장본인'의 뜻도 확실하게 구분 못하고 혼용하는 PD와 드라마작가들을 불러, '장본인'은 불미스러운 사건이나 사고를 일으킨 관련자를 지칭할 때 쓰는 부정적 의미를 내포한 어휘이고, 당사자는 그 반대편에 서 있는 말이라고 지청구를 주며 가르쳐주었다.

우리말을 잘못 쓰는 사람이 어디 그 기사를 쓴 기자뿐이겠는가? 구보씨가 인터넷을 뒤지다가 우연히 마주친 한 유명인사의 글도 마찬가지였다. 유 **라는 인기 여류 칼럼니스트의 글에서도 우리말은 여전히 망가지고 있었다. 〈세 살 버릇 여든까지 간다고 했다. 호박에 줄 긋는다고 수박 될 리 없는 법인가. 프로크루스테스의 침대를 전가의 보도처럼 주야장창 휘둘렀던 조상을 가진 *** 당은 여전히 그 습속을 버리지 못하고 있다. 개인이든 조직이든 참 변화하기는 어려운가 보다〉http://www.dailyseop.com/section/article_view.aspx?at_id=40031#〉

'주야장천'을 '주야장창'으로 잘못 쓰고 있는 그녀의 이력을 보니 놀랍게도 국문학을 전공했다. 더불어 직업은 소설가였고 **문학작가회의 이사라는 빛나는 직함도 가지고 있는 분이다. 기자나 소설가처럼 말과 글로 먹고사는 사람들, 말을 지키고 가꾸어야 될 파수꾼들조차도 이렇게 우리말을 소홀히 다루고 있는 게 현실이니 보통사람들은 더 말할 나위가 없을 것이다.

요즈음 한국어는 주인 없이 버려져 벌판을 우왕좌왕 질주하는 고삐 풀린 말이 된 느낌이다. 거의 대부분의 사람들이 아직도

'다르다'는 말을 써야 할 때 '틀리다'는 단어를 사용한다. 상대방이 어떤 상황이나 사태에 대해 자신의 입장과 다르게 말하면 당장 "당신 생각은 내 생각과 틀려!"라고 말한다. 몸부림 선배는 방송에서 이런 표현을 발견할 때마다 흥분해서 소리치곤 했다. "'다르다'는 말 대신 '틀리다'고 표현하는 저간에는 자기주장만 옳고 상대방은 틀렸다고 단정하는 우리 한국인들의 잘못된 의식구조가 숨어있다. 드라마에서 그런 현실을 그대로 흉내 내는 것은 문화를 창달하기는커녕 우리말을 가르쳐야 하는 최소한의 자기 사명도 다하지 않는 거다."

드라마에 빈번하게 등장하는 말들 중에 구보씨 선배가 싫어했던 표현은 또 있다. 배우들이 걸핏하면 내뱉는 '염장 지른다' 말도 그가 몸부림치며 싫어했던 표현 중 하나다. '사람의 배를 가르고 내장에 소금을 뿌린다.'는 뜻을 가진, 사전에도 없는 이 섬뜩한 저주를 아무 느낌 없이 내뱉는 배우들을 볼 때마다 선배는 우리말의 미래를 태산만큼 걱정했었다. 그뿐이 아니었다. 국적 없는 말과 어휘들이 신문과 방송 그리고 인터넷에서 우리말의 머리 위로 산사태처럼 쏟아져내릴 때마다 그의 몸부림은 분노로까지 변했다.

선배의 걱정이 전염된 것일까? 우리말이 이렇게 저렇게 냉대 받는 모습을 보면 구보씨도 이젠 몸부림을 치고 싶어진다.

어떤 미래학자들은 머지않은 미래에 한국어가 없어질 수도 있다고 경고한다. 지금의 인구감소 상황이 계속되면 우리 민족은 지금의 7천만 명에서 3천만으로 줄어들고 그렇게 되면 이 지구상에서 한국어가 사라질 수도 있다는 것이다. 지금이야 도대체 믿어지지 않는, 또 믿고 싶지도 않은 주장이긴 하지만 우리의 염장을 지르는 말이 아닐 수 없다. 구보씨는 이런 끔찍한 이야기를 접할 때마다 사회 이곳저곳에서 한국어를 지키려고 몸부림치는 파수꾼들을 생각한다. 더불어 '몸부림' 선배가 휠체어를 타고 방송국으로 달려오는 모습을 상상한다. 달려와 종주먹을 쥐고 눈을 부라리며 "방송이 우리말을 지키는 최초, 최후의 파수꾼이야!"라고 몸부림쳐 주기를 희망한다.

춘몽 — 철새는 철수하라!

드라마 PD 구보씨는 어느 날 갑자기 배우 겸업을 선언했다. 소식을 접한 탤런트들은 난리가 났다. “뭐야, 북 치고 장구 치고 혼자 다 해먹겠다는 거야, 뭐야.”

배우들의 불평에도 아랑곳없이 구보씨는 기자들을 불러 곧 방송될 자기 드라마에서 역할 하나를 맡겠다고 선언해 버렸다. 그가 할 인물은 80세 늙은 어머니를 모시고 사는 효자 아들!

*구씨(45세) – 80살 노모를 모시고 사는 효자.

–불의를 보면 절대 못 참는 성격.

–직장에선 아래로 후배, 위로 상사 모두에게 잘 한다.

–불우한 이웃을 보면 적선을 하는데, 오른 손 하는 일을 왼손은 모르게 하는 사나이 중 사나이.

구보씨, 배우 노릇을 해보니 재미가 쏠쏠했다. 사람들이 얼굴을 알아보고 먼저 인사를 건네고 식당에 가면 칙사 대접인데 정작 밥값은 받지 않았다. "얼굴 팔린다는 게 이렇게 좋구먼, 얼쑤!" 마침 드라마 속에 어머니의 세수 장면이 나왔다. '효자' 구보씨는 나이트 클럽 화장실 '보이' 마냥 수건을 들고 옆에 서 있다가 세수를 마친 어머니께 90도 인사를 하며 얼른 내밀었다. 오버 액션이라 다른 배우가 했으면 호통을 치며 NG를 냈을 터였지만 무사통과. 근데 방송이 나가자 이상한 일이 벌어졌다. 몇몇 할머니들이 촬영장으로 구보씨를 찾아와 '하늘이 낸 효자'라며 국회의원 나가라고 목을 맸고 한 할머니는 '청와대에 빽을 쓰더라도 꼭 국회로 보내겠다.'고 큰소리를 쳤다.

'빽' 덕분이었을까. 며칠 후 '대한할머니 연대'라는 시민단체에서 '조선 제일의 효자, 구보'씨를 국회의원으로 추천하는 백만인 서명운동에 돌입하겠다는 전화가 왔다. 구보씨, 내심 부끄러웠다. 사실은 자신의 노모 세수할 때 얼굴 한 번 내민 적 없는 사람이었다. 며칠 후엔 더 놀라운 일이 벌어졌다. 노인장 세 분이 찾아와 대뜸 서약서에 사인을 하라는 것이었다.

"우리는 자매 결연을 한 '대한할머니 연대'의 압력에 못 이겨 당신을 국회로 보내기로 했소. 귀하는 당선 즉시 '자식들은 노부모 세수할 때 반드시 수건을 들고 서 있어야 한다.'는 '효자법'을 발의하고 무너진 도덕과 삼강오륜을 바로 세우는 데 의정 활동의 최우선을 두겠다고 '대한할아버지 연대' 회원들에게 맹약하시오! 그러면 우리도 당신을 국회로 보내는 운동에 동참하리다."

이 일을 계기로 민심의 본질을 파악한 구보씨, 드라마 속 노모에겐 더 오버 연기를 했고 상대역들에게도 예수나 부처가 된 듯이 근엄 연기를 했다. 그가 갑자기 왜곡된 연기를 하니 상대 배우들이 죽을 맛이었다. 감정표현이 엉망진창이 되고 결국은 내용 왜곡 사태까지 벌어졌다. 하지만 감독인 그에게 누가 감히 싫은 내색을 할 수 있겠는가. 하물며 그의 인기도 대한 할머니, 할아버지 연대 덕분에 연일 상종가를 치고 있었다. "효자 구보를 국회로! 신사 구보를 국회로!"

때마침 보궐선거가 있었다. 할아버지 할머니 연대는 '효자' 구보는 출마하라고 성명서를 냈고 구보씨는 못이기는 척 '국민의 뜻'에 따라 출마를 선언했다. 경쟁자도 만만치 않았다. 마지막 유세장에선 악랄한 인신공격으로 구보씨를 몰아세웠다. "철새, 구보에게 묻겠소. 오늘날의 언론은 제4부 이상이다. 임기 없는 영원한 집권정당이 오늘의 방송과 신문이다. 자신의 드라마에 자신이 출연해서 효자역할을 하다가 하루아침에 선거에 나오는 행위는 불공평한 전관예우고 자기 정당, 언론을 내팽개치고 이 정당 저 정당을 옮겨 다니는 철새 정치인과 전혀 다를 바 없다. 세계에서 이런 언론 철새들이 가장 많은 곳이 바로 한국이란 나라다. 물론 직업 선택의 자유 운운할 것이다. 하지만 당신의 행적을 돌아보라! 드라마 속에서 어떤 파렴치한 짓을 했나? 오버 연기, 거짓 연기로 얼굴을 팔고 부당한 인기를 끌어 모았다. 자신의 장래를 위해 얼굴 팔기와 인기몰

이에 골몰했다. 그런 행동이 직업 선택의 자유라는 미명 아래 온당한지 당신은 대답하라!" "옳소! 효자 구보를 국회로! 신사 구보를 국회로!"

경쟁자의 힐문은 '할머니, 할아버지' 연대 회원들의 구호 소리에 묻히고 말았다. 사내는 화가 나서 구보씨 앞으로 다가오며 소리쳤다. "얼른 대답하라!" 구보씨는 날카로운 비판에 답변을 하지 못하고 그냥 외국인처럼 어깨만 으쓱해버렸다. 더 화가 난 사내는 원고뭉치를 흔들며 소릴 질렀다. "철새는 사퇴하고 철수하라! 철수하라!" 철수 소리에 깜짝 놀란 구보씨, 벌떡 일어나니 사내가 아니라 자기 조감독이 앞에 서 있었다. "철수하죠, 감독님! 에이 씨! 저놈의 유세 끝날 때까진 저놈의 소음 때문에 한 컷도 못 찍습니다. 씨벌!" 어, 유세장이 아니었다. 촬영장이었다. 피곤에 지쳐 잠시 졸고 있었던 것이다. 그 순간 근처 유세장에서 함성이 크게 울려 퍼졌다. "옳소~오!" "옳~소!" 전직 방송사 사장 출신 두 사람(최문순. 엄기영)이 강원도 도지사 자리를 놓고 보궐선거에서 겨루는 중이었다. 구보씨는 입가에 묻은 침을 닦으며 힘없이 말했다. "철~수!"

동네 전문가

CNN 방송을 보고 있노라면 세계의 유명 도시와 나라들이 자기 선전을 한다. 말레이시아는 "Malaysia! Truly Asia!", 인도는 "Incredible India!". '서울'의 선전 문구는 이들보다 훨씬 더 멋있다. "Seoul, Soul of Asia!" "아시아의 영혼, 서울!" 우리 서울이 아시아의 영혼이면 얼마나 좋으랴! 한국이 동방의 등불이면 또 얼마나 좋으랴!

구보씨 생각엔 이제 서울은 세계적인 거대도시가 되었다. 〈대동여지도〉를 만든 김정호 선생일지라도 녹록하게 못 볼 정도로 복잡다단, 광대무변의 세계로 탈바꿈했다. 크기와 규모만 변한 게 아니다. 외양과 내면에서도 상전벽해가 다시 상전벽해 되어 세계인들의 관광지인 동시에 한국인 자신들의 최고 관광지가 되었다.

이렇게 환골탈태한 아시아의 영혼을 이 땅에 사는 주인들은 얼마나 잘 알고 있는 걸까? 서울 생활 30년이 넘었고 직업적으로 싸

돌아다니는 드라마 PD 구보씨인데도 불구하고 안 가본 곳, 모르는 곳이 너무나 많다. 주위를 둘러봐도 이 거대한 영혼을 속속들이 안내해 줄 적당한 길라잡이가 보이지 않는다. 구보씨가 〈동네전문가〉를 생각하게 된 건 그래서다. 향토사학자 비슷한 동네사학자라고나 할까? 동네 터줏대감으로 살면서 그 동네의 특색과 특징, 문화와 역사를 누구보다도 잘 아는 사람이 바로 〈동네전문가〉다. 이런 사람들이 자기 동네의 특색과 특징, 역사와 전통, 함께 살아가는 이웃들의 흥미로운 이야기를 쓰고 서울 곳곳의 동네전문가들이 쓴 글을 모으면 바로 〈서울 대백과사전 (大百科事典)〉이다. 이 한 권의 책이면 건조하고 무미한 관광 안내서와는 차별되는 살아있는 서울을 생생하게 즐길 수 있는 멋진 안내서가 될 것 같다.

구보씨로 말하자면 여의도에서 33년째 살고 있다. 63빌딩, 국회의사당, 방송국, 여의도공원.

금융가, 증권가. 매년 4월 초순이 되면 벚꽃나무 터널이 이 섬을 둘러싼다. 30~50년 된 왕벚나무 천5백여 그루가 만드는 시오리 길, 꽃 터널이 장관이다. 하긴 이 정도는 다른 동네 사람들도 모두 다 아는 것이라 별 흥밋거리도 못될 것이다.

여의도 주민으로서 좀더 보탠다면 이런 안내서다. 벚꽃놀이 때 연인과 함께 온 사람이라면 인산인해 발 디딜 틈도 없는 윤중로를 피해 아래 생태공원으로 내려가라. 자연 그대로 두어 조성된 이 생태공원은 이름 모를 수목들로 정글을 이루고 있어 연인과 딥키스를 하는데 안성마춤이다.

그렇지만 구경꾼은 있는 법. 야한 장면을 누군가 훔쳐볼 것인데 그곳에 사는 원주민 산토끼들이다. 잿빛 털을 가진 녀석들은 그런 장면에 너무 익숙하니 안심하고 하던 일을 계속하면 된다.

그곳에서 만나는 또 다른 풍경 하나.

길을 가다보면 지폐 한 장이 작은 돌멩이에 눌린 채 바람에 팔랑거리고 있을 것이다. 무당이 놓고 간 것이라 생각진 마시라. 아이와 엄마가 산책 나왔다가 누군가 흘린 돈을 발견하곤 바람에 날아갈까봐 돌멩이를 올려놓은 것이다. 바람이 더 세져 돈이 날아갈 것 같으면 돌멩이 하나를 더 올려두시라! 여의도를 더 멋지게 만드는 풍경이 될 것이다.

이 섬엔 전설(傳說)도 하나 전해지고 있다. 원래 여의도의 고명(古名)은 '너섬'이었다.

"쓸모없는 모래섬, 너나 가져라." 그래서 '너섬'이라 불렸다고 한다.

무시당했던 백만평 모래땅이 백년도 못되어 한국의 맨해튼이 되어 마천루 숲을 이루고 있다. 숲 속엔 서울에서 음식점 사장으로는 최고령이라 생각되는 영감님이 경영하는 대구탕집이 있다. 사장님의 춘추는 93세, 평안도 출신인 그는 정정하기가 요즘도 한달에 한번은 데이트를 한다고 공공연히 노익장을 자랑하는데 백수(白壽)는 따 논 당상으로 보인다. 절륜한 정력의 원천은 대구탕? 식당

메뉴는 오로지 대구탕 하나뿐. 절대 맛이 별로라곤 하지 마시라. 영감님의 평양박치기 맛을 보게 될 수도 있다.

여의도에는 벨기에에서 온 형제가 와플을 만들어 파는 곳도 있다.

형제의 이름은 '패트릭과 마이클'. 형이 한국에 관광 왔다가 반해서 눌러 앉자 찾으러 왔던 동생이 합류해 벌써 8년째 살고 있다. 여의도역 근처에 한 평 남짓한 가게에서 장사를 하고 있는데 한국말로도 와플을 살 수 있으니 걱정 말고 왕림하시라.

브랜드는 '머제스티 벨기에 와플'. "브뤼셀 거리에서만 맛볼 수 있는 와플을 이제 서울에서도 만나보세요!"란 광고문이 적힌 브로슈어까지 만들었다. 이미 여의도의 명물형제로 자리매김을 했다.

어디 대구탕집과 와플 집뿐이겠는가. 한국음식 최고 브랜드 중 하나인 50년 전통의 추어탕집도 있고 73년 된 곰탕집도 이 섬으로 얼마 전 이사 와서 주민들을 행복하게 만들어주고 있다.

행복하게 하는 것은 또 있다. 초등학교 앞 길은 키다리 나무들이 긴 터널을 만들어서 그 아래서는 소나기가 쏟아져도 옷깃이 젖지 않을 정도로 동굴 우산을 만들어준다.

구보씨 결심한다. 스스로 고산자 김정호가 되어 여의도의 골목골목, 사람과 사람을 관찰하고 기록해 장래에 〈여의도 대백과사전(大百科事典)〉을 만들어 보련다.

독도에 관한 개콘적 접근

2020년 여름 네덜란드 헤이그에 있는 국제사법재판소(ICJ)에서 독도에 관한 재판이 열렸다. 납득이 안 되는 일이지만 정부는 구보씨를 정부 대표로 파견했다. 오래 살다보면 참 별일 다 일어나는 게 세상사다. 추측건대 대한민국 최초로 독도에 365일간을 살면서 다큐멘터리를 만든 최훈근 PD의 바로 옆방에 근무했기 때문이거나 이준 열사와 같은 성씨이기 때문일 것이다. 납득이 안 되는 일은 또 있다. 국제사법재판소는 지구에서 재판관을 구할 수 없어서 부득이 화성에서 모셔왔다고 발표했다. 그날 구보씨가 대한민국대표로 참석한 재판정 풍경은 이러하다.

재판정 안

화성에서 온 재판관 : 독도 혹은 다케시마에 관해 얘기해 봅시다. 그 섬은 어디에 위치한 섬이오?

한국대표 : 한국의 동쪽에 있고 울릉도에서는 87.4㎞ 떨어져 있는 섬입니다.

일본대표 : 일본의 서쪽 도고 섬에서는 157㎞ 떨어져 있습니다.

화성에서 온 재판관 : 그 섬의 이름은 무엇입니까?

구보 : 저희들은 '독도'라 부릅니다.

일본대표 : 저희들은 '다케시마'라 부릅니다.

화성에서 온 재판관 : 대부분의 섬 이름에는 그 연유가 있지 않나요.

구보 : 네, 그렇습니다. 그 섬은 외로이 홀로 떠있는 섬입니다. 그래서 우리 선조들은 홀로 독(獨)자를 써서 독도(獨島)도라 불렀다 합니다. 또 하나의 추론은 독도는 돌섬인데 그 지역 경상도사람들은 돌을 사투리로 독이라고 합니다. 그래서 돌로 된 섬이라 독도라 부른 듯합니다.

재판관 : 일본은 왜 그 섬을 다케시마(竹島)라 부릅니까?

일본대표 : 특별한 이유는 없습니다. 일본은 섬나라입니다. 섬이 너무나 많습니다. 그냥 부르고 싶은 대로 부른 듯합니다.

재판관 : 납득이 잘 안 되는군요.

구보 : 제가 전설적인 역사 하나를 말씀드리죠. 옛날 일본인이 울릉도에 고기잡이를 왔다가 독도를 보고 우리 선조에게 저 섬은 이름이 뭐냐고 물었습니다. '독도'라고 했겠지요. 하지만 일본인들은 받침 발음이 잘 안 되는 민족입니다.

재판관 : 그게 사실입니니까. 독을 발음해 보세요.

일본대표 : 도그. 도그.

재판관 : ??

구보 : 보시다시피 독을 '도그'라 발음하지요. 일본말로 섬은 '시마'이고 독은 도그. 그러니까 독도는 '도그시마'가 되는 것입니다.

재판관 : ?

구보 : 세월이 흐르고 흘러 대나무 한 그루도 없는 섬 독도가 엉뚱하게 다케시마가 된 겁니다. 납득이 되시나요? 재판관님.

재판관 : 정말 그 섬에는 대나무가 없습니까?

구보 : (흥분하며) 네, 그 섬에 산 동료 최훈근 PD의 말을 빌리면 한 그루도 없습니다.

일본대표 : 꼭 대나무가 있어야 죽도라고 부르라는 법은 없는 겁니다.

재판관 : 일본에 마쓰시마라는 섬이 있지요.

일본대표 : 네, 센다이 근처 바다에 떠있는 수많은 섬을 마쓰시마라 합니다. 교토의 야마노 하시다테, 히로시마의 미야지마와 더불어 일본의 3대 절경 중 하나입니다.

재판관 : 그 섬은 한문으론 송도(松島)라 하지요.

일본대표 : 네, 그렇습니다.

재판관 : 그 섬에도 소나무가 없나요?

일본대표 : 천만에요. 아름다운 소나무들이 섬들의 등을 온통 덮고 있습니다.

재판관 : 그 섬은 소나무가 많아서 송도라는 이름을 붙였는데 대나무가 하나도 없는 섬을 죽도라 이름 부친 이유가 못내 궁금하군요.

일본대표 : 무엇보다 중요한 것은 죽도는 우리의 선조가 먼저 발견한 우리 땅입니다.

구보 : 우리 선조가 먼저 발견한 우리 땅입니다.

일본대표 : (크게) 그게 도대체 몇 년 몇 월 며칠 몇 시요?

구보 : (더 크게) 당신이 먼저 말하시오. 당신 선조가 발견한 하루 전입니다.일본대표; 허허 우리선조가 당신 선조보다 하루 더 일찍 발견했소이다.

재판관 : (더 크게) 조용들 하시오! 두 사람에게 묻겠소. 화성을 언제 누가 처음 발견했소?

두 사람 : 글쎄요. BC 1000년 전 그리스인들이겠지요.

재판관 : 우리 화성인은 그리스인보다 1000년 앞서서 이 지구를 발견했습니다.

그럼 화성은 그리스인 것이고 지구는 화성인 것입니까.

두 사람 : ??

재판관 : 지구는 누구의 것입니까!

두 사람 : 그야 물론 지구인 겁니다.

재판관 : 이유가 뭐죠.

두 사람 : 화성엔 화성인이 살고 있고 지구엔 지구인이 살고 있기

때문이죠.

재판관 : 그럼 명백해졌습니다. 독도는 지금 살고 있는 사람의 땅입니다. 땅!땅!땅!

재판관은 재판봉을 힘껏 두드려 판결을 내리며 중얼거렸다. "납득이 안 되네, 납득이. 이 쉬운 일로 왜 오라 가라 해."

드라마여 일어나라!

드라마를 제작하는 현장은 전쟁터와 흡사하다. 촬영장에서는 하루 건너 하루씩 이런 저런 사고가 일어난다. 간혹은 장애인이 되기도 하고 생명을 잃기도 하는 참사가 벌어진다. 부상자 중엔 최수종, 김석훈 같은 유명 탤런트도 있고, 이름이 알려지지 않은 제작 스태프와 PD도 있다.

구보씨는 오늘 안산 병원에 식물인간으로 누워있는 후배 PD를 만나고 오는 길이다.

그는 드라마를 만들다가 자살을 기도했다. 이름은 김의수. 나이 37세.

꽃미남 배우 빰치게 잘 생긴 친구였다. 드라마가 좋아 방송국에 입사했고, 글 잘 쓰고 성격도 좋아 인기 많은 AD였다. 조감독 생활 7년을 마치고 감독 데뷔를 하게 된 그는 가슴속 깊이 챙겨둔 아이디어로 기획안을 만들었고 그게 덜컥 '영화진흥공사' 지원금을 받는 경사가 벌어졌다. 멋진 드라마를 만들어 시청자의 제단에 바치리라. 국민의 감성과 정서를 지켜주는 그린벨트(Green Belt) 같은 드라마를 만들리라.

그 축복이 슬픈 드라마의 시작일 줄은 누구도 몰랐다. 그는 방송국에서 대본을 끌어안고 날밤을 샜다. 구보씨도 그 시절 김PD를 간간이 마주쳤다. 새벽녘 골방에서 나오는 그의 모습은 흡사 연기에 끄슬린 한 마리 오소리였다. 밤새 피우고 마신 담배와 커피 때문에 잘 생긴 얼굴은 갈색으로 변해 집 없는 부랑자 같았다. 그러나 가슴은 예술혼으로 충만해 늘 뜨거웠을 것이다.

어느 날 그는 현실과 마주쳤다. 제작비도 제작여건도 그의 생각과는 너무 멀리 떨어져 있었다. 12억에서 6억, 6억에서 3억으로 줄어든 제작비. 도와주는 이보다 규제하고 간섭하려는 이들이 더 많은 현실. 그는 눈앞이 캄캄해지고 도망가고 싶었을 것이다. 구보감독 역시 무수히 경험한 일이다. 그는 울고 싶었을 것이다. 아무도 없는 곳에서 사내답게 통곡하고 싶었을 것이다. 얼마나 절망을 느꼈던지 어느 날 운전을 하고 달리다가 근처 아파트 지하 주차장으로 차를 몰고 들어갔던 모양이다. 울었을 것이다, 엉-엉! 운전대를 두드리며 자신의 드라마에게 미안하다고 울었을 것이다. 잉태는 했으되 출산을 못해내는 신인감독의 부족함을 탓하며 시청자에게 미안해서 울었을 것이다.

그래도 아픔이 풀리지 않았던 모양이다. 그는 차문을 열고 나와 주차장 한구석에서 목을 매고 말았다. 추락하는 비행기의 파일럿처럼 추락하는 드라마와 함께 하는 것이 감독의 도리라고 생각했던 모양이다. 아뿔싸! 그는 지금 이 순간 저 안산의 한 병원에 식물처럼 조용히 누워있다.

구보씨는 잠자고 있는 그의 손을 잡고 조용히 이름을 불렀다. 김의수 PD! 그 순간 그의 눈은 깜박 깜박거렸고 눈가에는 물기가 살짝 비쳤다.

구보씨는 그에게 한국 드라마의 수호신이 되어 달라고 했다. 우리가 만드는 드라마가 한층 더 많은 세상 사람들의 사랑을 받게 해달라고, 한국 드라마의 앞날을 지켜달라고 그의 손을 잡고 울먹였다.

어찌 드라마를 지키는 수호신이 그 사내뿐이겠는가. 오늘도 우리의 산과 강, 거리 위에서 빌딩 속에서 한국 드라마를 지키려는 예술혼들이 큐와 컷을 외치며 전투를 벌이고 있다. 시청자들께서는 부디 드라마의 전쟁터에서 오늘도 온 몸과 마음을 불태우는 전사들을 기억해주시기 바란다.

드라마 PD 구보씨는 때때로 중얼거린다. "아우야, 일어나시라! 한국드라마여 일어나시라!"